Rés. p. Yc 746

LA VITA ET METAMORFOSEO D'OVIDIO,

Figurato & abbreuiato in forma d'Epigrammi da M. Gabriello Symeoni.

*

Con altre Stanze sopra gl' effetti della Luna: il Ritratto d'vna Fontana d'Ouernia: & vn' Apologia generale nella fine del libro.

All' Illustrissima Signora Duchessa di Valentinois.

A Lione per Giouanni di Tornes nella via Resina.

1559.

Sante le Muse son, santa è Diana,
Caste son quelle, & casta è questa anchora.
Dalle Muse il Sol mai non s'allontana,
Et d'Apollo Diana vnica è suora.
Nelle Muse è d'Amore ogni arte vana,
Et de i lacci d'Amor Diana è fuora.
Chi fia Diana quel dunque che dica,
Che voi non siete delle Muse amica?

GABRIEL SYMEONI
A MADAMA DIANA DI POI-
TIERS, DVCHESSA DI
VALENTINOIS,
SALVTE.

VOLENDO LA MIA SER-
uitù, hauuta tanto tempo con la
Corona di Francia, & particu-
larmente con V. Eccellenza (Signora illustrißima) cosi mante-
nersi sino alla morte, non può del
suo desiderio mōstrare maggior segno, che col perse-
uerare in quelle opere, le quali (secōdo la mia naturale dispositione & vocatione) possino rendere im-
mortali i nomi & meriti dell' vna & dell' altra. Et
benche alcuni siano, i quali (come troppo curiosi de
fatti d' altri) mormorādo dicono che io douerrei ho-
ramai hauere riguardo al tēpo perso (non hauendo
sino à hora ricolto alcuno frutto delle mie fatiche,
come hanno fatto molti altri, forse di me o più pro-
suntuosi, o più fortunati) io nō di meno cognoscendo nō potere presentare alla forma del mio ingegno
materia, ne più nobile, ne più alta di quella, che na-

a 2   sce,

sce dalla bontà dell'inuittißimo Re ARRIGO, & dallo splendore del vostro nome, & anco per ißgannare chi altriméti credeße (come la più parte de gli huomini & maßime gli ignoranti sono à dire male inclinati) della mia constanza, che minore col mio animo non puo essere, ne sara trouata da coloro, che nella prima figura di questo libro vedranno nella mia natiuità il Sole, Venere & Mercurio nel constantißimo & generoso segno di Lione, mi sono (come ho detto) risoluto d'andare (come io vò) continouando nella mia solita diuotione, & tanto più che pochi credo io che siano hoggi quelli, i quali non cognoschino, & cognoscédo non confeßino che la magnanimità d'vn tanto Re (forse qualche giorno ricordeuole del testimonio già fatto à sua Maestà, & à V. Eccellenza de i miei seruitij dalle desiderate memorie del Principe di Melfi, del Marescialló della Marcia, & vltimamente di Monsignore di Grignano) hauendo così grande poßanza & puo, & vuole & suole in vna hora sola ristorare il tempo di molti anni: ne che V. Eccellenza poi nõ ami & fauorisca ogni sorte di virtù si puo ne si debbe similmente dubitare, hauendo già con la sperienza dimostro il contrario per il suo reale & diuino palagio, nella maestreuole fabbrica & sopr' humano ornamento del quale ella hà impiegate le
fatiche

fatiche & l'arte di tutti i migliori & più rari spiriti del Mondo. La onde non è da marauigliarsi (oltre alle ragioni sopradette) se anch'io di nuouo ho voluto publicare, sotto la sicura protetione del suo felicissimo nome, questo mio nuouo libro del Metamorfoseo figurato & abbreuiato con la rinouatione d'alcune Stanze, appropriate à V. Eccellenza, secondo gl'effetti & corso della Luna per i XII. Segni del Cielo, à questo similmente inuitandomi l'hauere cõsiderato, che ne di più piaceuoli, ne di più dotte inuentioni, si potrebbono riempiere & ornare i luoghi, che L'anno passato, per mancamento di subietti, io viddi voti nelle loggie del suo gran Giardino: della quale mia buona voluntà, cognoscendo che sarebbe superfluo il cercare di farle più manifesta fede, o porgerle prieghi (come fanno molti) per l'accetatione di cosi nobile Dono, però qui farò fine, pregãdo solamente Dio che le presti felice & lunga vita.
In Lione, el di primo
di Gennaio
del
M. D. LIX.

ΕΥΔΟΚΊΑΣ.

LA VITA D'OVIDIO.

Patria d'O-
uidio.

Giorno na-
tale d'Oui-
dio.

Hircio &
Pansa.

Padre &
patrimonio
d'Ouidio.

Primi studij
d'Ouidio.

Costumi
d'Ouidio.

NACQVE questo Poëta nella terra di Sulmona, prouincia de i Peligni, nel Regno di Napoli, à di XIX. d'Aprile, giorno solenne per la festa di Minerua, che i Romani chiamarono QVINQVATRIA, trouandosi Consoli di Roma Hircio & Pansa, i quali furono di poi morti nella guerra di Modena, doue interuenne Marc'Antonio. Suo padre & sua madre furono di famiglia illustre: il suo patrimonio assai grande: la sua Casa vicina al Campidoglio: & hebbe vn fratello solo d'vn anno maggiore di lui, & nato nel medesimo giorno: col quale mandato à Roma à studiare, & quiui per contentare il padre data opera qualche tempo alle leggi, lasciò di poi la professione, & si volse tutto alla Poësia. Fu huomo di grandissimo giuditio, & però cosi diligēte nel comporre: molto ciuile, costumato & sobrio nel bere, nel mangiare, & in tutte le altre cose. Hebbe tre mogli, due

VITA D'OVIDIO.

due delle quali rifiutò, essendo anchora giouane, ma la terza (riceuutine figliuoli maschi & femmine) ritenne & amò grandemente. Essendo in età di cinquanta anni, fu confinato da Ottauiano Augusto presso al mar Maggiore per due sole cagioni: l'vna, per il libro composto dell' Arte d'amare: & l'altra non si seppe mai; si come egli medesimo confessa, dicendo:

Perdiderint cũ me duo crimina, carmẽ et error,
Alterius facti culpa silenda mihi est.

Et benche alcuni habbino commentato che l'altro errore fosse (se il comporre era il primo) per hauere amato, & forse vsato sotto nome di Corinna con Giulia figliuola d'Augusto, Io tutta volta non lo credo, prima perche se questo fosse seguito, egli non harebbe tante volte nominata & lodata Corinna, cagione del suo male, Et poi perche essendo Giulia diuolgata meritrice (& percio dal padre sbandita & mal trattata) Augusto harebbe troppo hauuto che fare, & troppo publicamente si sarebbe suergognato nell' andare minutamente ricercando & gastigando gl' adulteri & amanti della sua figliuola. Et d'altra parte io non posso pensare che vn cosi discreto, liberale, magnanimo, & virtuoso Imperadore, ne per

Mogli et figliuoli d'Ouidio.

Essiglio d'Ouidio.

Infelicità d'Augusto.

lasciuia di libro, ne per amore, ne per parole scritte o dette in suo disfauore (tutti casi leggieri) haueſſe male trattato, egli che raccoglieua tutti gl'huomini dotti, vn sì gentile Poëta: atteso che i veri Principi, se ei nõ sono tyranni, non debbono leggierméte credere, ne incrudelire nella punitione de i loro serui, ne de i virtuosi, se non per due sole cagioni, quali sono le congiure ordinate contro allo stato, o alla vita loro, atti veramente infami, vituperosi, & diabolici, come contrarij al volere di Dio, dal quale sono dati i principati à gli huomini in terra. Il che mi fa credere che ei bisognaua (seruendosi delle parole per vna couertura) che il secondo errore, di che Ouidio parla, fosse d'altra importanza che i sopradetti, & massime vietãdo il cercarlo o saperlo in vn' altro luogo, doue ei dice:

Et quid præterea peccarim, quærere noli,
Vt pateat sola culpa sub arte mea.

Confinato così adunque in luoghi asprissimi & tra genti barbare, scrisse più volte ad Augusto, pregandolo di mitigare così crudo essiglio: la quale gratia monstra che non solamente harebbe ottenuta, ma che il clementissimo Principe l'harebbe richiamato à Roma, se non fosse morto, sì come

Quello che non debbono i Principi perdonare.

come dichiarano gl'infrascritti versi:

Cœperat Augustus deceptæ ignoscere culpæ,
Spem nostram, terrasq; deseruitq; simul.

Compose prima che andare in essiglio il suo libro delle Epistole: De gl'Amori cinque, ch'ei ridusse à tre, & gli dedicò à Corinna: Il libro dell'Arte d'amare, due del Rimedio d'amore: & quindici delle Transfigurationi qui presenti: i quali tutti con altri assai (vedendosi bandito) gettò nel fuoco, onde facilmente si sarebbono perduti senza l'altre copie. Compose parimente la Tragedia di Medea, molto lodata da Cornelio Tacito & da Quintiliano, & della quale egli medesimo fece mentione in questo modo: *Libri d'Ouidio.*

Tragedia d'Ouidio.

& dedimus tragicis scriptum regale cothurnis,
Quæq; grauis debet verba cothurnus habet.

Compose oltre di questo vn'altro libro contro à i cattiui Poeti, & in essiglio vn' Epistola consolatoria à Liuia dopo la morte d'Augusto: De Tristibus cinque: De Ponto IIII. & de Fasti XII. de quali non si trouano se non sei. Scrisse il Trionfo di Cesare, & nella lingua Getica tutte le sue laudi, recitandolo à mente. De i Pesci non fornì l'opera, come imitandolo fece poi Oppiano in Greco, dedicādola ad Antonino Imperadore.

Libro Getico d'Ouidio.

a 5   Et

Opere attribuite falsamente à Ouidio.

Et benche gli siano state attribuite anchora molte opere dipoi, come della Noce, di lisciarse il viso, della Pulce, del Sonno, del Cuculio, de l'Aurora, del Lusignuolo, della Lumaca, della Vecchia, de quattro humori, & del giuoco de gli Scacchi, non di meno non si tiene per suo che la Noce, & il lisciarse la faccia, le quali anchora per maniera di spasso compose essendo fanciulletto.

Disperatosi finalmente dopo la morte d'Augusto di rihauere dallo scelerato Tiberio il suo bando, scrisse alla moglie in cosi fatta forma:

Epitaffio d'Ouidio.

Ossa tamen facito parua referantur in vrna,
Sic ego non etiam mortuus exul ero.
Atq; ea cum folijs & amomi puluere misce,
Atq; suburbano condita crede solo.
Quosq; legat versus oculo properante viator,
Grandibus in tumuli marmore cæde notis.
Hic ego qui iaceo tenerorum lusor amorum,
Ingenio perij Naso Poëta meo.
At tibi qui transis, nõ sit graue, quisquis amasti,
Dicere, Nasonis molliter ossa cubent.

La sustanza de i quali versi (anchora che non possino hauere quella medesima gratia, ne riferire à punto tutte le parole) è cosi fatta.

EPIT

EPITAFFIO VOLGARE
D'OVIDIO.

In picciol'vrna tra soaui odori
Poi che quest'ossa mie riposte sieno,
Nel marmo fa che chiaramente fuori
Cotai parole di me scritte sieno.
Me, che cantai de i teneregli amori,
Rendeo il mio ingegno di miseria pieno.
Però di tu, che passi, e amar ti piace,
Posin qui l'ossa di Nasone in pace.

L'anno, ch'ei fu mandato in essiglio, fu il cinquantesimo secondo dell'Imperio d'Augusto. Nel quinto di Tiberio morì, & (come scriue Eusebio) essendo stato bandito VIII. anni & alcuni mesi, fu soppellito presso alla Città di Tomo nel paese de i Geti, che Appiano Daci, contro all'oppinione di Strabone, & Gothi Spartiano han nominati.

Morte & sipoltura d'Ouidio.

FINE DELLA VITA
D'OVIDIO.

Il Caos.

Prima fuit rerum confusa sine ordine moles,
Vnaq́; erat facies sydera, terra, fretum.

La Creatione & confusione del Mondo.

Prima ch' il gran fattor dell' Vniuerso
Con pietà gli ponesse intorno mente,
Era cieco nel Mar l'Aer sommerso,
Nel centro il Fuoco, e'l tutto era niente,
Ch' ogni Elemento, di virtù diuerso,
Non hauea luogo à lui conueniente:
Ma del verbo diuin l'amor profondo
D'vn CAOS ordinò si bello il Mondo.

Ordinatione del Mondo, con la creatione dell'huomo & de gli altri animali.

Lo spirto etterno del celeste Amore,
Calcando pose i lor termini all' Acque:
La terra ornò di vario & bel colore,
Che graue in seno all Ocean si giacque.
Restò l' Aria sospesa, & il Calore
Nel quarto giro collocar gli piacque,
Et fatto ogni animale ardito & vile,
Diè spirto all' huom, creato à lui simile.

L'età dell' Oro.

3

Tosto che l'huomo in sì felice stato
Aperse gl' òcchi, & quei riuolse al Cielo,
Fu il suo sommo Fattor da lui creato,
Che sentir non gli fa caldo ne gielo.
Non seme al campo, non ruscello al prato
Vuopo era, & l'huom mai non cangiaua pelo.
Tutto per sé nascea, senza lauoro,
In quella dolce prima Età dell' Oro.

L'età dell'Ariento.

In tal beatitudine terrena
(Ciò che fan l'otio & l'abbondanza insieme)
L'ingrata gente, di superbia piena,
Pose in se stessa (Iddio lasciando) speme.
Ond' ei tosto turbò l'aria serena,
Et tolse al campo il natural suo seme,
Tal che fu forza all' huom, priuo d'amore,
Viuer' al caldo, e al giel del suo sudore.

L'età del Rame & del Ferro.

L'insolito trauaglio & la pigritia
Molestar tanto i miseri mortali,
Che, preposto all'Aratro la militia,
Diuentar l'vn dell'altro micidiali.
Crescendo poi con l'oro l'auaritia,
Senti la Terra innumerabil' mali,
Quai furno (ai dura & mal cangiata sorte)
Odio, inganno, timor, dolore, & morte.

b

Guerra de Giganti contro à Gioue.

Preser gl' empi giganti à Dio rubelli,
Et nel mal' operar sicuri & pronti,
Tal ardir (come forti & più fratelli)
D'alzar' al Ciel l'vn sour all' altro i monti,
Et pensando hauer Gioue ne i capelli,
Che si ridea de i lor fallaci conti,
Tutti fur (che il brauar con Dio val poco)
Sepolti à vn tratto tra rouine & fuoco.

Gioue si consiglia diuenire in terra.

Quei, che nacquer de i primi assai peggiori,
Continouar tra lor l'usata guerra,
Onde Gioue à punir cotanti errori
Deliberossi al fin scendere in terra.
Ma volle, pria ch' uscir del Regno fuori,
Udir ciò, che ogni Dio nel petto serra,
A i quai, ristretti nel consiglio insieme,
Propose al fin dispegner l'human seme.

b 2

Licaone mutato in Lupo. 8

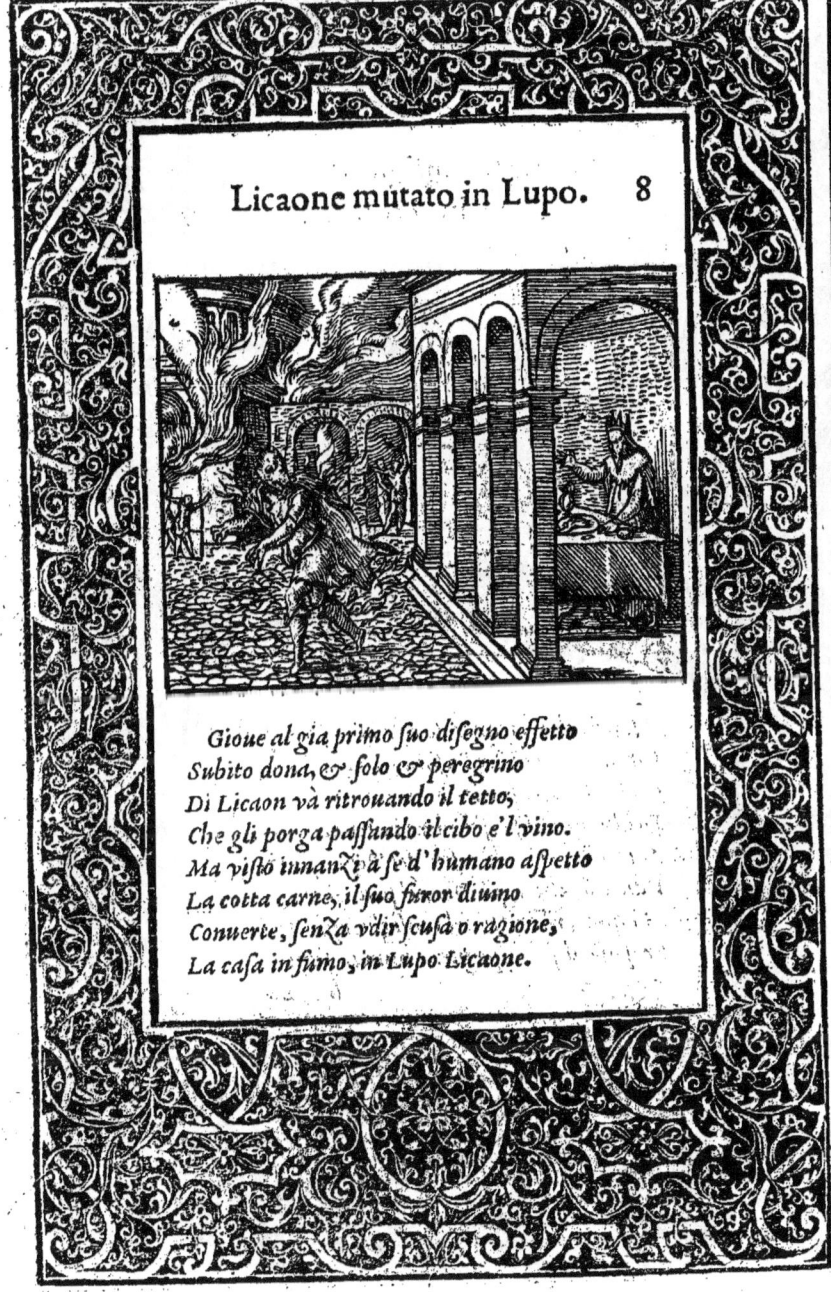

Gioue al gia primo suo disegno effetto
Subito dona, & solo & peregrino
Di Licaon và ritrouando il tetto,
Che gli porga passando il cibo e'l vino.
Ma visto innanzi à se d'humano aspetto
La cotta carne, il suo furor diuino
Conuerte, senza vdir scusa o ragione,
La casa in fumo, in Lupo Licaone.

Diluuio.

Spento il tiranno, in Ciel ritorna Gioue,
Et narra il mal, che tra i mortali alloggia,
Chi par ch'el fuoco per punirgli approue,
Et chi propon l'impetuosa pioggia.
La pioggia hà luogo, & si diluuia & pioue,
Che l'acqua gia soura alle case poggia,
Et si trabocca il mar fuor delle sponde,
Ch'ogniun perisce nelle rapide onde.

b 3

Fine del Diluuio con saluamento di Deucalione & Pyrra. 10

Ogn'vn si potea dir perito & spento,
Poiche due soli al mondo ne restaro.
Di che rimase assai Gioue contento,
Che due persone buone si saluaro.
Et commandò alla tempesta e al vento
Di non offender seme à lui si caro,
Come amici di Dio & di ragione
Si trouar Pyrra e'l suo Deucalione.

Ristauratione dell' humana generatione. 11

Scesi i Consorti il Monte di Parnasso
Dall' oracol di Temi han voce udita.
Dietro alle spalle ogni lanciato sasso
Col capo ascoso fia conuerso in vita.
A obbedir ciascun pigro ne lasso
Fù, ò possanza di la sù infinita,
Monstrasti ben, che uscir doueua fuore
Di dure pietre un secolo peggiore.

b 4

Serpente vcciso da Febo. 12

Come nacquer di pietra i corpi nostri,
Cosi del caldo & naturale humore,
Formarsi à vn tratto mille nuoui Monstri,
Tra quai Python serpente fu il maggiore:
Ciò vidde Apollo, & da i superni chiostri
Sceso, con l'arco gli trafisse il cuore.
Cosi di Febo partorì lo strale
Salute al mondo, à lui fama immortale.

Amor di Febo & di Dafne. 13

Febo altier del bel colpo, ch'hauea fatto,
Sfida & scherne il figliuol di Cyterea,
Ch'ira;o prende due saette à vn tratto,
L'vna impionbata, & l'altra tutta ardea.
Passò con questa à Febo il cuor di tratto,
Con quella il petto alla Nynsa Penea,
Si che quanto piu l' vn segue & si strugge,
Tanto piu l'altra si nasconde & fugge.

b

Dafne mutata in Alloro. 14

Di Dafne segue pur Febo la traccia,
Et in secca speranza si rinuerde.
Ella veloce, qual cerbietta in caccia,
Il bosco cerca più frondoso & verde.
Ma poi che più non sa che ella si faccia,
Ch' il passo allenta, e'l fiato in lei si perde,
Chiama Peneo, che tosto i bei crin d'oro
Le muta in frondi d'vn' etterno Alloro.

Gioue innamorato d'Io.   15

D'Inaco vede anchor Gioue la figlia
Soletta andar per la campagna herbosa,
Gia l'ama, & gia la segue, & gia la piglia,
Et la priega à cercar la selua ombrosa,
Quella pur fugge, & egli all'hor scompiglia
L'aria serena & rende tenebrosa,
Et cosi ben la Nynfa in braccio accoglie,
Che di lei satial'amorose voglie.

Io mutata in Vacca. 16

La gelosa Giunon, senza il marito,
Che vede oltre à ragion l'aria cambiarse,
L'aria abbandona, & su l'ombroso lito
Va furibonda subito à calarse.
Gioue, ch'ha il suon della consorte udito,
Et per lui vede l'altre scuse scarse,
A Io le membra e'l bianco fronte adorna
D'hirsuta pelle, & di vaccine corna.

Mercurio addormenta Argo. 17

Giunon, dubbiosa del seguito inganno,
Par che la Vacca in don da Gioue prenda,
Et d'essa ad Argo dia tutto l'affanno,
Che con cento occhi aperti la difenda.
Ma Gioue sotto vile & rozzo panno
Fa che Mercurio presso ad Argo scenda,
L'addormenti col suono, & quello vcciso,
La vacca furi, e'l simulato viso.

Syringa mutata in canna. 18

Scendea Syringa il gran monte Lycco,
Per riueder l'amate sue sorelle,
All'hor che Pan, cornuto Semideo,
S'innamorò delle sue treccie belle,
Et per pigliarla ogni suo sforzo feo,
Scoldàto da venerée facelle,
Ma, mentre col pensier Syringa chiude,
Sol canne abbraccia in humida palude.

Argo vcciso da Mercurio. 19

Tosto che gl'occhi vidde ad Argo chiusi
Di Maia il figlio, gli leuò via il collo,
Cosi restaro il suoi pensier delusi,
Nè il desio di Giunon manco satollo.
Che dolente non sà qual vendetta vsi,
O ristori il pastor, che non dà crollo,
Pur fatta di tanti occhi l'vnione,
N'ornò la coda al suo gentil pagone.

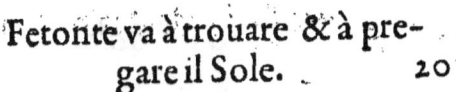
Fetonte va à trouare & à pregare il Sole. 20

Da ver riproccio, & piu fedei parole
Della sua madre il misero Fetonte
Mosso, va in Cielo à ritrouare il Sole
Prima ch' in grembo all' Ocean tramonte.
D'incerto padre si lamenta & duole,
E hauer sofferto mille scorni & onte,
Et piegate col pie le braccia e' l collo,
Prieg a che segno gliene monstri Apollo.

Fetonte guida il carro del Sole. 21

Febo, che vuole al caro suo figliuolo
Conceder, ma nol pensa, gratia tale,
Lo conforta à lasciare il pianto e'l duolo,
Et giura l'acqua solita infernale.
Quel gli domanda di leuarsi à volo
Col suo carro dorato trionfale,
Così (se ben preuede la rouina)
Febo obligato al suo voler s'inchina.

Fetonte fulminato da Gioue. 22

I focosi caualli, che nuouo peso,
Et nuoua man sentir per la lor briglia,
Hebber l'incauto Auriga vilipeso,
Et qua & la voltar tutti le ciglia.
Vede Gioue la terra e'l Cielo acceso,
Et presto in man le sue saette piglia,
Et con esse, al ferir veloci & pronte,
Fa nel Pò traboccar morto Fetonte.

Heliadi sorelle di Fetonte mutate in alberi, che producono l'ambre.   23

Così Fetonte in Pò cadde & morio,
Pianto & sipolto dalle sue sorelle,
Che stillando da gl'occhi vn lungo Rio,
Cambiar la bianca in verde & dura pelle.
Arboscei fur, ch' ancor posto in oblio
Non hanno il duol, ne le lor forme belle:
Però che, fuor di tutte humane tempre,
La notte e'l dì stan lagrimando sempre.

Cygno mutato nell' vccello del suo nome. 24

Presente al fatto il buon parente Cygno
Del caduto dal ciel giouane audace,
Tanto l'acerbo fato empio & maligno
Dell' amato Fetonte gli dispiace,
Che di regger Liguria homai più digno
Non si riputa, & mai non si da pace
Sin, ch' ei diuien fra le più verdi riue
Col nome suo l'Augel, che in acqua viue.

SECONDO. 37

Apollo sdegnato non vuole piu guidare il carro. 25

Febo dolente del seguito caso
Del carro odioso non vuol più la cura.
Vuol che la notte e'l di passino à caso
Senza la luce sua, che gli misura.
Pure alla fin da Gioue persuaso
Con gl' altri Dei, dalla sentenza dura
Si parte, & poi ch' il carro à se ritira,
L'vn' & l'altro caual sferza con ira.

c 3

Calisto ingannata da Gioue. 26

Prendea Calisto, vergin di Diana
(Di quella Dea, che del mio parto è madre)
Riposo vn dì vicina à vna fontana,
Di cacciar stanca in selue oscure & adre.
Eccoti Gioue, che con faccia humana
Diana par, non di Diana padre,
L'abbraccia, ne le lascia scior la lingua
Sin, che la nynfa del suo seme impingua.

Calisto battuta da Giunone & mutata in Orsa. 27

Grauida fatta & partorito Arcade
(Cosi il figliuol nato in Arcadia ha nome)
Fugge Calisto le più note strade,
Ch'à Diana tornar non vede come:
Ma non può l'infelice libertade
Tanta trouar, che presa nelle chiome
Giunon non l'habbia, & (sgraffignata et morsa)
Il bel viso cangiato in horrida Orsa.

c 4

Calisto & il figliuolo diuentati due stelle. 28

Dolente & sola il piu segreto calle
Pur ricerca Calisto in forma nuoua,
Scontra il figliuol, che per la chiusa valle,
Fa di cacciar le fiere vltima proua.
Questa anco vista, & tolta dalle spalle
Vna saetta, par ch' il braccio nuoua
Per tarle, all' hor che con paterno zelo
Gioue ambo gli rapì, fatti orsi, in Cielo.

Fanciullo nel paniere co i piedi di Dragone.   29

Poi ch'hà Palla il Ceston posto da banda
Con il figliuol, che senza madre è nato.
Alle figlie di Cecrope comanda
Custodir, ne scoprir ciò ch'hà celato.
Aglaura, intenta all'opera nefanda,
Sol'al dir della Dea non hà mirato,
Scuopre la cesta, & fuor di sua intentione,
Troua vn fanciul co i piedi di Dragone.

Coroni mutata in Cornacchia. 30

Sulla riua del mar Coroni bella
Sen gia godendo l'aura mattutina,
Ecco Nettunno, che vicino à quella
La vuol far sposa & d'Ocean Reina.
L'afflitta grida, & sol Minerua appella,
Che non vuol consentire alla rapina.
Così il marino Dio, ch' hauerla spera,
Si troua in mano vna Cornacchia nera.

Nittimene mutata in Ciuetta. 31

Siede nel Mare Egeo l'Isola detta
Lesbo, di cui Nicteo l'imperio hauea.
La figlia di costui, d'amor constretta,
Di notte seco spesso si giacea.
Scoperta, vuol fuggir, diuien Ciuetta,
Che vergognosa di sua colpa rea,
(Annunziando col canto affanni & guai)
La notte vola, e'l dì rado, o non mai.

Coroni vccisa da Apollo & il Corbo bianco mutato in nero.

Il bianco Corbo al suo signor rapporta
Hauer visto Coroni in braccio altrui,
Febo irato per ciò la rende morta
Con l'Arco, che non schocca in van per lui.
Doppo la persa Donna ei si sconforta,
Et maladice tutti i colpi sui.
Il Corbo scaccia, & oltre al suo costume,
Di bianche in ner gli fa cangiar le piume.

Ocyroe indouina mutata in Caualla. 33

L'indouina Ocyroe, di Chiron nata,
Subito visto d'Esculapio il viso,
Ch'ei sia seme diuin sentenza hà data,
Et ch'à i morti rendrà l'anima e'l riso.
Poi d'altra parte il genitor suo guata,
Et vuol ch'ei sia dal mondo anch'ei diuiso,
Onde i Fati, ponendo al suo dir norma,
Le fan d'vna Caualla prender forma.

Batto mutato in vn maſſo. 34

In Eli il ſol, fatto guardian d'armento,
Mentre che canta & la ſampogna ſuona,
Non ſcorge, ch'è Mercurio à torli intento
Il gregge non guardato da perſona:
Batto il furto à ſcoprir non ei poi lento,
Et contro al giuramento ſuo ragiona,
Perche Mercurio gli conferma (ahi laſſo)
La voce e'l corpo in vn medeſmo ſaſſo.

Mercurio innamorato d'Herse. 35

Partito d'Eli il messaggier di Gioue,
I vanni spiega à riuedere Atene,
Et mentre intorno il volo, & gl'occhi moue,
Di donne vn bel drappel contro gli viene.
Di queste ogniuna al tempio i passi moue,
Ma sopra tutte Herse il dominio tiene,
Che si piace à Mercurio, & gli par bella,
Ch' il suo amor scuopre d'Herse alla sorella.

Minerua va à trouare l'Inuidia. 36

Palla che vede Aglaura gia disposta
D'Herse sua suora à compiacer Mercurio,
Dal Cielo irata subito si scosta,
Et troua dell'Inuidia il vil tugurio.
A cisi pallida, afflitta, & sottoposta
A pianger dell'altrui felice augurio,
Impon, che renda il cuor d'Aglaura piena
Del suo mortal pestifero veleno.

Aglaura mutata in pietra. 37

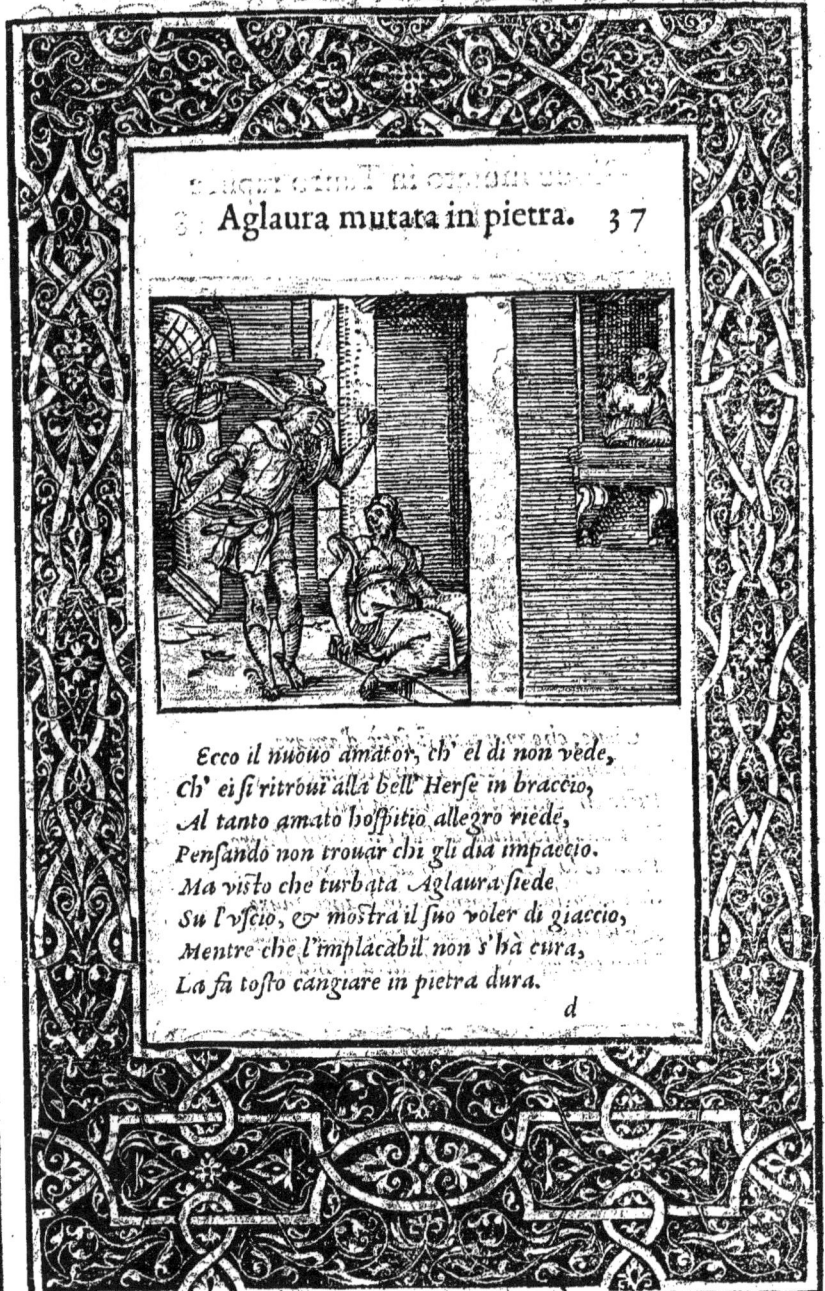

Ecco il nuouo amator, ch' el dì non vede,
Ch' ei si ritroui alla bell' Herse in braccio,
Al tanto amato hospitio allegro riede,
Pensando non trouar chi gli dia impaccio.
Ma visto che turbata Aglaura siede
Su l'vscio, & mostra il suo voler di giaccio,
Mentre che l'implacabil non s'hà cura,
La fa tosto cangiare in pietra dura.

d

Gioue mutato in Tauro rapisce Europa.

Gioue, che mai non si satiò d'amare,
Ne stimò più di questo altro tesauro,
Visto ch' Europa di bellezza pare
Non ha, spiegando al sole i bei crin d'auro,
Doue ei la vede gir vicina al mare
Se l'accosta, & humilia in bianco tauro,
Quella il dosso gli preme, & ei nell' onda
Lieto con essa varca all' altra sponda.

Cadmo sbandito dal Padre va cercando Europa, & i suoi compagni sono uccisi da un Serpente. 39

Stanco già Cadmo per la lunga strada,
Che fatto hauea cercando la sorella,
Dal sol pregato impetra vna contrada,
Ch' al gusto suo gli par sicura & bella.
Indi comanda à i suoi, che ciascun vada
D'acqua cercando in questa parte en'quella,
Quei trouata che l'han, trouano anchora
Vn Serpente, che tutti gli diuora.

d 2

Cadmo vccide il Serpente. 40

Cadmo, restato mal contento & solo,
Va cercando de suoi la persa traccia.
Giunge alla fonte, u il gran Serpente à volo
Se gli presenta con horribil faccia,
Et con la lancia in man, vinto dal duolo,
Il ferro in gola intrepido gli caccia,
Et l'hasta tien cosi ben ferma & stretta,
Ch'il Monstro ammazza, & fa de suoi vendetta.

Cadmo semina i denti del Serpente morto. 41

Ammonito da Palla, i denti in terra
Semina Cadmo del serpente vciso,
Et di tal seme inusitata guerra
Nascer tosto si vede innanzi al viso.
De gli huomin nati ogniuno il ferro afferra,
Et l'uno & l'altro al fin riman conquiso,
Se non sol cinque con humane forme,
Che di Cadmo seguir poi sempre l'orme.

d 3

Ateone mutato in Cerbio da Diana. 42

Dalla sete e'l calor cacciando vinto
Cerca Ateon pel bosco vna fontana,
Hallo il suo fier destino in parte spinto,
Che mal per lui vi troua entro Diana.
La Dea, col viso di vergogna tinto,
Gli muta in cerbio la sembianza humana,
Et dice, nel gettar quell'onda cruda,
Non lice à ognium veder Diana ignuda.

Ateone lacerato da suoi Cani. 43

Il miser Cacciator cangiar di faccia
Come si sente, affretta tosto il corso,
Che vede ben se quindi non si spaccia,
Ch' hauer potrebbe lacerato il dorso.
Ma poco val, che i can gli dan la caccia,
Et d'ogni parte l'han trafitto & morso,
Et benche ei gridi, e i can per nome chiame,
Si traggon del padron l'ingrata fame.

Semele mal configliata da Giunone vſa con Gioue Tonante, & ſi ſconcia di Bacco. 44

Priega Semele vn giorno il gran Tonante
D'vſar con lei in habito reale,
Ei, ch' ha promeſſo, ſpoglia il fier ſembiante,
Et ſol s'adorna del minor ſuo ſtrale.
La Donna il troua anchor feroce amante,
Teme, e'l parto imperfetto ir laſcia male.
Ma Gioue porge (come padre humano)
A Bacco nato la benigna mano.

Tiresia stato maschio & femina, priuato de gl'occhi da Giunone, & fatto indouino da Gioue. 45

Vdite Donne, à cui non basta hauere
Piacer dall'huom, ch'anchor chiedete l'oro,
Fur gia Gioue & Giunone in disparere
Chi prendesse piacer maggior di loro.
Tiresia, ch'el potea solo sapere,
Voi disse, ei lumi all'hor tolti gli foro
Dall'irata Giunon, ma d'altra parte
Gioue d'indouinar gli donò l'arte.

d 5

Narciſſo s'innamora di ſe ſteſſo, & diuenta vn fiore. 46

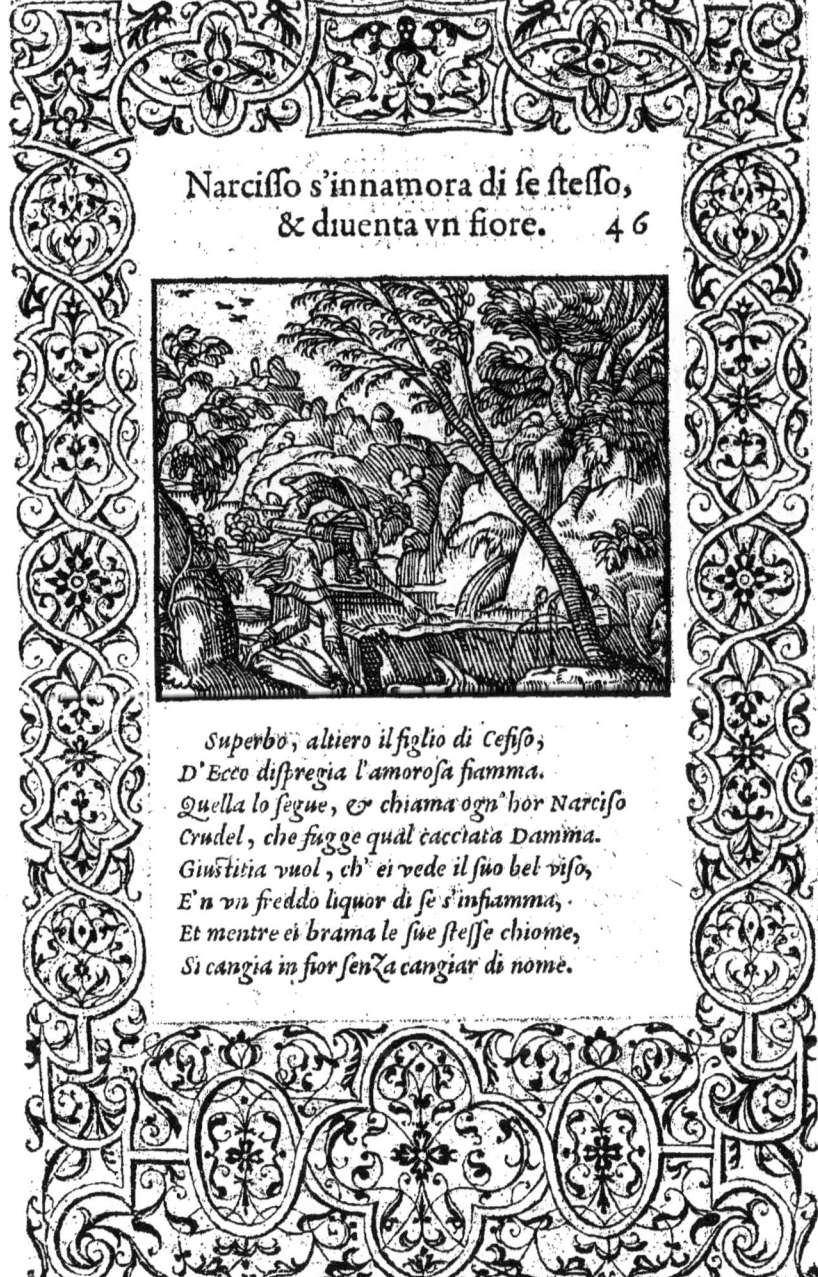

Superbo, altiero il figlio di Ceſiſo,
D'Ecco diſpregia l'amoroſa fiamma.
Quella lo ſegue, & chiama ogn'hor Narciſo
Crudel, che fugge qual cacciata Damma.
Giuſtitia vuol, ch'ei vede il ſuo bel viſo,
E'n vn freddo liquor di ſe s'infiamma,
Et mentre ei brama le ſue ſteſſe chiome,
Si cangia in fior ſenza cangiar di nome.

Bacco trionfante. 47

Segue la Plebe vil, sfrenata, & sciocca
Bacco vbbriaco, & lo riputa Dio.
Indi in tanto furor calda trabocca,
Ch'ogni honor & douer pone in oblio.
Et benche il santo Penteo apra la bocca,
Biasmando il dishonesto suo desio;
Et minacciando con la regia mano,
Aceste è preso, & Bacco cerco in vano.

Marinai di Bacco mutati in Delfini.

Desioso veder l'amata Naßo
Spiega Bacco nel mar le bianche vele.
Di sì lungo viaggio il nocchier laßo,
Altroue volge le gonfiate tele.
Bacco che vuol tener l'vsato paßo,
Si monstra à i marinai così crudele,
Et d'ira pien che, ritto sù la sponda,
Tutti Delfin gli fa saltar nell'onda.

Penteo vcciso dalle Baccanti. 49

Contrario ogn'hora alle sfrenate voglie
Penteo di Bacco, & di chi il segue & ama,
In tanta rabbia, & in tale ira coglie
La madre, che sol Bacco honora & brama,
Che dal tergo la testa al fin gli scioglie,
Et del suo sangue la crudel si sfama,
Accompagnata, & sola à tutte innanti,
Dall'altre dishoneste sue Baccanti.

Tysbe spauentata dalla Liona si fugge & nasconde. 50

L'accordo fatto i due infelici amanti
Pyramo & Tysbe: la fanciulla sola
Et prima al Moro si presenta auanti,
Ch'amor dal petto ogni timor le inuola.
Ma tosto che le monstra i fier sembianti
La Liona, ella, persa ogni parola,
Fugge, & mentre attrauersa & sterpi & spine
Le cade il vel dal crespo aurato crine.

Morte di Pyramo & Tisbe.

Pyramo giunto al destinato loco,
Il velo in terra della Donna vede,
Ch'il feroce animal, satio di poco,
Macchiato hauea col sanguinoso piede.
Tienla per morta, & stato in forse vn poco,
Con la spada à vn tratto il cuor si fiede,
Ritorna Tisbe, e'l petto anchor si punge,
Cosi l'vn corpo all'altro si congiunge.

Adulterio di Venere & di Marte scoperto dal Sole. 52

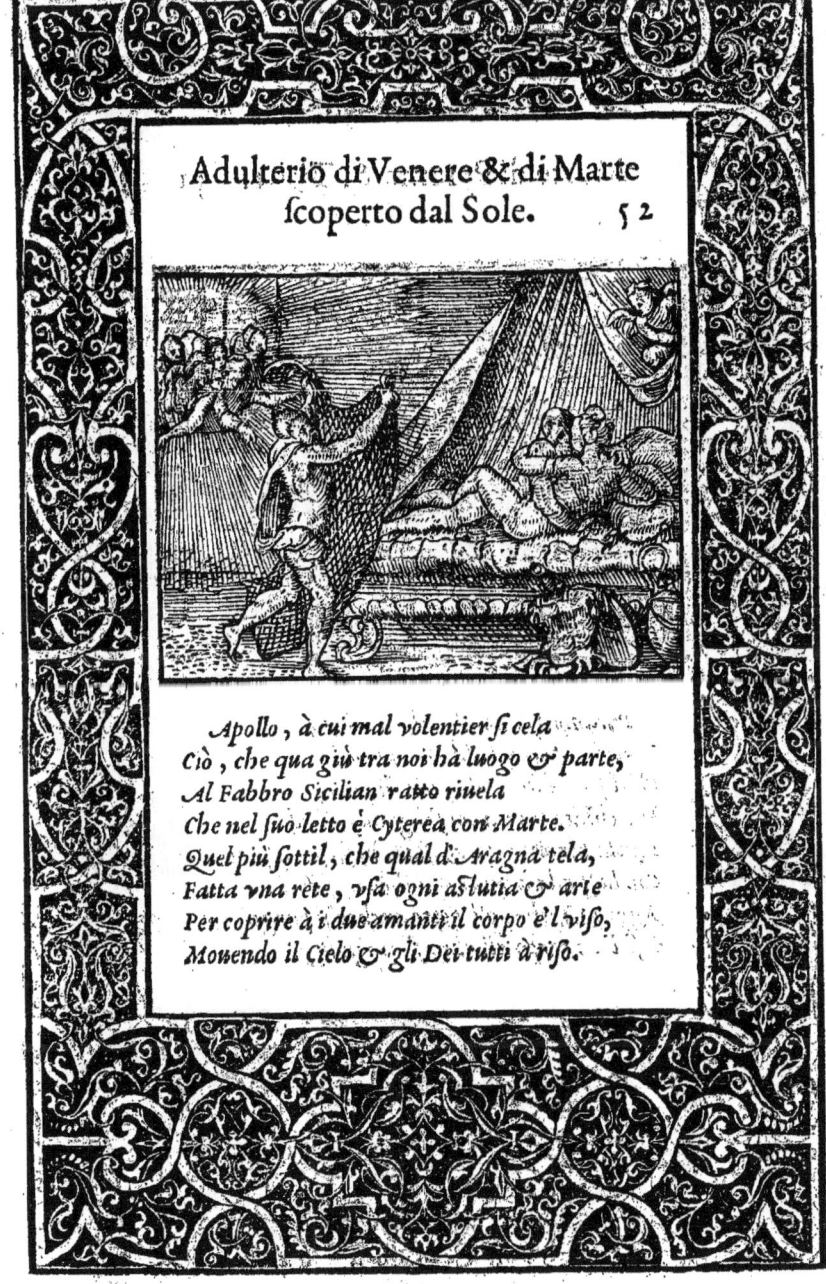

Apollo, à cui mal volentier si cela
Ciò, che qua giù tra noi hà luogo & parte,
Al Fabbro Sicilian ratto riuela
Che nel suo letto è Cyterea con Marte.
Quel più sottil, che qual d'Aragna tela,
Fatta vna rete, vsa ogni astutia & arte
Per coprire à i due amanti il corpo e'l viso,
Mouendo il Cielo & gli Dei tutti à riso.

Leucotoe suerginata da Febo & Clytia conuertita in fiore. 53

Vener, ponendo alla vendetta mano,
Fe che Leucotoe il cuor' à Febo auuinse,
Ond' ei tosto piglio l'habito humano,
Et la madre di lei l'astuto finse.
Poi rimosso da lui ciascun lontano,
Con l'vsato splendore al fin la vinse.
Clytia l'accusa, & cambia vn doppio amore
Quella in verga d'incenso,& questa in fiore.

e

Salmace nynfa diuenuta Hermafrodito. 54

Il bel figliuol, che di Mercurio nato
Lungamente nutrir le nynfe amiche,
Come sentì nelle chiare onde entrato
Salmace assisa fra le valli apriche,
Nelle braccia lo tien stretto & serrato,
Et priega il Ciel, ch' indi mai più si striche,
Che la compiacque, & trasse fuor di duolo,
Restando con due sessi un corpo solo.

Le figliuole di Mineo mutate in Pipistrelli.

Le figlie di Mineo, empie & profane,
Piglian di Bacco i dì solenni à gioco.
Egli, ch'inuendicato mai rimane,
La casa lor conuerte in fiamma & fuoco,
Ne contento di ciò, figure strane
Fa pigliar loro, & vuol che volin poco,
Et sol di notte, come fanno quelli,
Che i Fiorentin chiamati han Pipistrelli.

Giunone sdegnata contro alla superbia d'Atamante, gli manda addosso vna Furia. 56

La Reina del Ciel, che spregiar sente
Dal superbo Atamante il suo gran nume,
Dal Ciel veloce con irata mente
Scende di Stige al tenebroso fiume.
Quiui ogni Furia, à lei fatta presente,
Mortal nimica è d'ogni reo costume.
Ma Giunon Tesifone ha sola eletto
Per turbar d'Atamante il real tetto.

Atamante infuriato ammazza il figliuolo. 57

Giunta la Furia oue Atamante altiero
Con la moglie, e i figliuoi viuea contento.
Dal capo viperin di color nero
Trae lor due serpi tra le spalle e'l mento,
Che, riuolto il piacere in rio pensiero,
La Corte e'l Re ripieni han di spauento,
Et si turbata ogni allegrezza e gioia,
Ch' il Re gia vuol ch' tutto il mondo muoia.

Atamante infuriato scaccia la moglie & ammazza vn figliuolo. 58

Furioso Atamante i suoi minaccia,
Et vuol che pigli ogn'un reti & saette,
Che due lion con la lor madre in caccia
Vccider vuole, & far le sue vendette.
Cosi l'vn de i figliuoi in vn sasso schiaccia,
Che gli par delle fiere maladette,
Et la madre, che vuol l'altro saluare,
Si getta, & restan Dei ambo, nel mare.

Cadmo mutato in Serpente con la moglie. 59

Cadmo si duol del Serpe, che gia morto
Fu di sua mano, & grida à i Dei mercede,
Si scusa, & s'ei pensò di farli torto,
Di mutarsi egli in Serpe & priega & chiede.
Resta essaudito, & mentre il corpo torto
La sua consorte al caro sposo vede,
Et piange & stride di sì brutta forma,
In vn simil Serpente si transforma.

Atlante mutato in vn Monte. 60

Fu sempre vtile all' huom l'esser cortese,
Com' io veggio vn gentil Matteo Balbano.
Questo non gia l'auaro Atlante intese,
Quando à Perseo monstrò l'atto inhumano,
Non pur nol ricettò, ma vilipese,
Mosso da vn timor che non fu vano,
Ch' el peregrin gli feo cangiar la fronte
Col Gorgoneo scudo in vn gran Monte.

Perseo libera Andromeda dal Monstro marino. 61

La crudel madre Andromeda sua figlia
Patisce al duro scoglio esser legata,
Et puon soffrir l'empie materne ciglia
Di vederla al gran Monstro in preda data.
Ciò mira Perseo, & presto si consiglia
D'hauer la bella Donna liberata,
Scende volando dal superno chiostro,
Et di sua mano ammazza il marin Monstro.

e 5

Perseo, Medusa & Pegaso.

Addormentati gl'occhi di Medusa
Perseo, che mai non fece impresa à caso.
Dal corpo l'alma l'ha subito esclusa,
E'l vipereo capel dal tergo raso.
Il fatal sangue hà in se virtù rinchiusa,
Et partorisce il bel caual Pegaso,
Che poi, doue ogni Musa & canta & suona,
Volò sul verde monte d'Helicona.

Nozze di Perseo disturbate. 63

Il meritato amor goderſi in pace
Ben Perſeo ſpera nel real conuito,
Ma al geloſo Fineo tanto diſpiace,
Che d'Andromeda bella ei ſia marito,
Che ſopra giunto con parlare audace,
Preſente à tutti ha il giouane ſchernito.
Corresi all'arme, & tanto è il romor grande,
Ch'à terra van le menſe & le viuande.

Fineo & i suoi compagni mutati in pietre. 64

Mentre il disturbator del suo diletto
Perseo discaccia, & de suoi molti ancide,
De nimici lo stuol si grande & stretto
Contro gli viene, & combattendo stride,
Ch'egli è mal grado suo nel fin constretto
(Non che viltà nel diuin petto annide)
Scoprir Medusa, & (se ben vinto dassi)
Fineo co i suoi mutare in freddi sassi.

Polidette Re di Serifo, infamatore di Perseo, mutato in Sasso. 65

Vettorioso il gran figliuol di Gioue
Di Polidette hà in cuor l'antiche offese,
Che per finte tenea le vere proue
Fatte da lui nel Gorgoneo paese,
Medusa scuopre, alle cui viste nuoue
Il Serifio Re non fu difese,
Ne piu dal ver del vincitor s'arretra,
Restando immobil corpo in dura pietra.

Minerua va à trouare le Muse. 66

Sparse gia d'ognintorno le nouelle
Del Fonte d'Helicona & di Parnaso,
Va Palla à ritrouar l'alme sorelle,
Che vuol saper com'è seguito il caso.
Le sante Muse à i giusti prieghi ancelle
Le monstran l'orme del caual Pegaso,
Poi le conta vna il fatto iniquo & reo
Del superbo insolente Pyreneo.

Pyreneo & le Muse. 67

Le Muse, poco fa da me nomate,
Et sempre vnite à vna medesma foggia,
Al Tempio di Parnasso erano andate,
Doue à gran passo l'Anguillara hor poggia,
Pyreneo le raccoglie & ha pregate
Star fin che passi l'importuna pioggia,
Et mentre vn pensier rio vuol far satollo,
S'en volan' elle, & ei si rompe il collo.

Figliuole di Pierio mutate in Gazzere. 68

Voglion le figlie di Pierio insane
Far col canto alle Muse paragone,
Et cantando l'imprese audaci & vane
Del troppo temerario empio Tifone,
Sentan pennute hauer le membra humane,
Con lingue à pronunziar parole buone,
Come ha il garrulo augel per prati & boschi,
Ch'i Latin Pica, & Gazza han detta i Toschi.

Venere, Cupido & Plutone. 69

La bella Cyterea col suo Cupido
Prendea diletto intorno alla marina,
Ecco apparir sopra al Trinacrio lido
Il nero Dio dell'infernal fucina.
Ripiglia figliuol mio l'arco tuo fido
(Disse ella) & fa del costui cuor rapina?
Perch'ei non tenga nostra forza vana,
Come le Muse fan, Palla, & Diana?

f

Plutone rapisce Proserpina, & Cyane è mutata in fonte. 70

Fu il colpo tal nel petto di Plutone,
Che la figlia di Cerer via ne porta,
Cyane nynfa, amica di ragione,
Cerca impedirgli il passo, & lo sconforta.
Lo Dio di vendicarsi al fin dispone,
Che così cara preda troppo importa,
Et dice, va disturbatrice Nynfa,
Che tu sarai perpetua & fresca lynfa.

Fanciullo mutato in Tarantola. 71

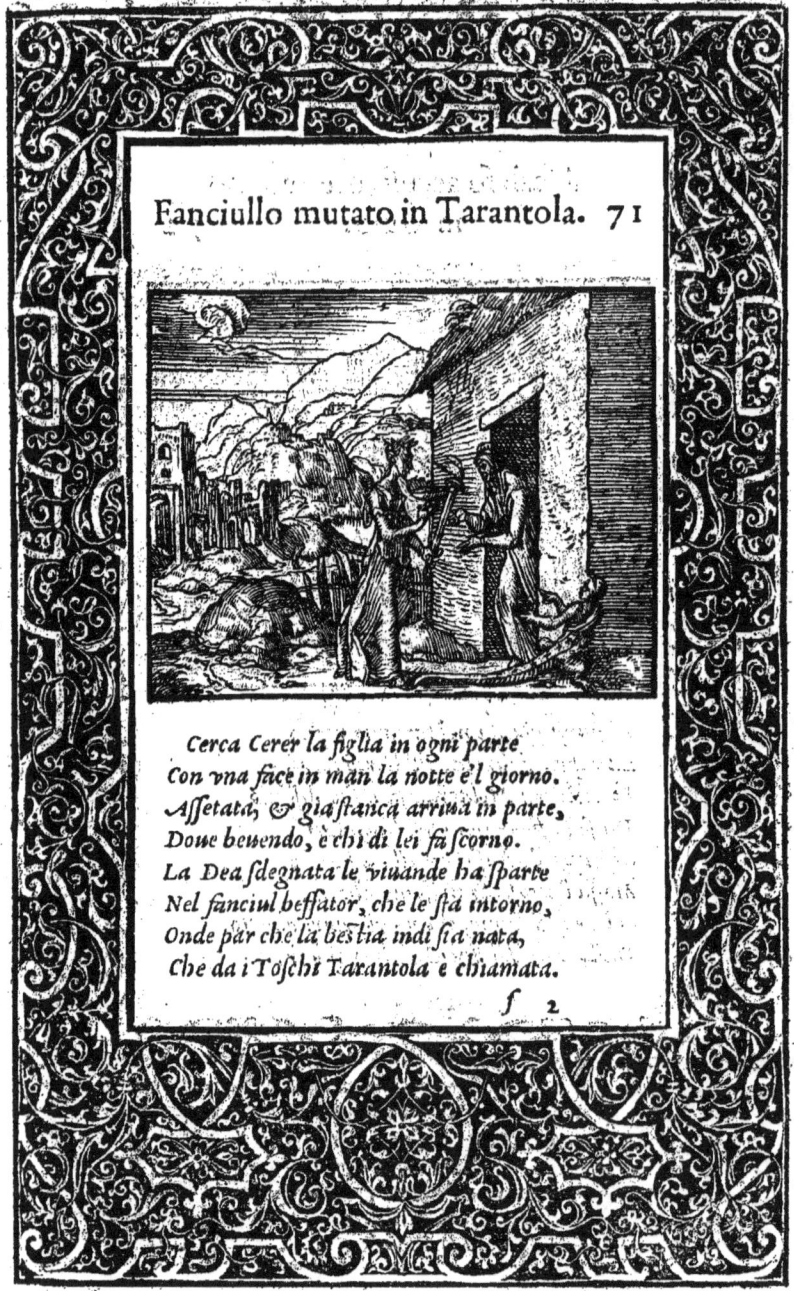

Cerca Cerer la figlia in ogni parte
Con vna face in man la notte e'l giorno.
Assetata, & già stanca arriua in parte,
Doue beuendo, è chi di lei fa scorno.
La Dea sdegnata le viuande ha sparte
Nel fanciul beffator, che le sta intorno,
Onde par che la bestia indi sia nata,
Che da i Toschi Tarantola è chiamata.

Ascalafo accusatore mutato in Gufo.

Digiuna giunta nel tartareo regno
La rapita figliuola, all' horto corre,
Et visto vn Melagran fa il suo disegno
Da se la fame con quei frutti torre.
Ascalafo l'accusa, & ella à sdegno
Mossa l'accusator maligno aborre.
Et l' Augel fanne, che ne gl' antri abietto
Dalla voce del Bue Gufo hoggi è detto.

Serene compagne di Proserpina
con l'alie si precipitano
in mare. 73

Le compagne à Proserpina Serene
Poi che gia molto in van cercata l'hanno,
Desiose passar le molli arene,
Et prender di cercarla in mar l'affanno,
Chieggon da volar penne, & tosto piene
Di penne han l'alie, & dentro al mar s'en vanno,
Doue ogn'una di lor par che perisse,
Poi che il lor canto vdir non volle Vlisse.

f 3

Aretusa mutata in fonte. 74

Seguita ignudo Alfeo nuda Aretusa,
Che fugge quanto può l'odiato amante,
Ei pur la priega, & nel pregar si scusa
D'affrettar per amor così le piante.
Ella à correr lontan, ne si forte vsa,
Diana inuoca, & ha Diana inante,
Che le cuopre d'un nugolo la fronte,
Et indi la trasmuta in chiaro fonte.

Lynco mutato in Lupo ceruiero. 75

Il carro suo tirato da serpenti
A Tritolemo da Cerere in mano,
Et vuol per benifi:io delle genti,
Che quà & là vadia spargendo il grano.
Par ch' al Re Lynco il giouan s'appresenti,
Che pien d'inuidia, barbaro & villano,
Mentre vccider lo vuol dormendo in letto,
Diuenne l'animal, che Lynce è detto.

f 4

Aragne mutata da Minerua in Ragnatelo. 76

Spregia di Palla il buon consiglio & l'arte
Aragne, & vengono ambo alla contesa.
Di Gioue il trono, e'l terren sagro à Marte
Della Dea tesse la lodata impresa.
Aragne con la sua dall'altra parte
L'infamia à pena ha de gli Dei dislesa,
Ch'ode dir, và, & con odiose tempre
Stà ne i muri sospesa & tessi sempre?

Niobe saettata con i figliuoli dal Sole & da Diana per la sua superbia. 77

Schernir non basta à Niobe Latona,
Ma vuol'essa l'honor, ch'à i Dei conuiensi,
La madre i figli alla vendetta sprona,
Che tosto i dardi han presi, & gl'archi tensi.
Misera hor si vedrà s'vna corona
Mortal merta l'honor che tu ti pensi
Dissero, & morti l'hanno ambo gli Dei
Tutti i figliuoli, & fatta vn sasso lei.

Contadini mutati in Ranocchi da Latona. 78

Latona istessa dalla sete tocca
Ad vn fresco ruscel resta per bere,
Ma non si tosto v'hà posto la bocca,
Ch'ei le par l'acqua torbida vedere.
Marauiglia & dispetto in lei trabocca,
Ne può più la vendetta ritenere,
Qual fu ch', alzando al Cielo ambe le mane,
Di Lycia i Contadin conuerse in rane.

Marsia scorticato da Apollo. 79

Trouansi alcuni di sì vano affetto,
Che stiman più che Dio il proprio ingegno,
Marsia, gran sonator da molti detto,
Spregiò d'Apollo il risonante legno.
Furno alla proua, & chi starebbe à petto
Al Sol, ch'hà sol di noue Muse il regno?
Ma Marsia destinato haueanle stelle,
Che con l'honor perdesse anchor la pelle.

Tereo sforza la cognata Filomena. 80

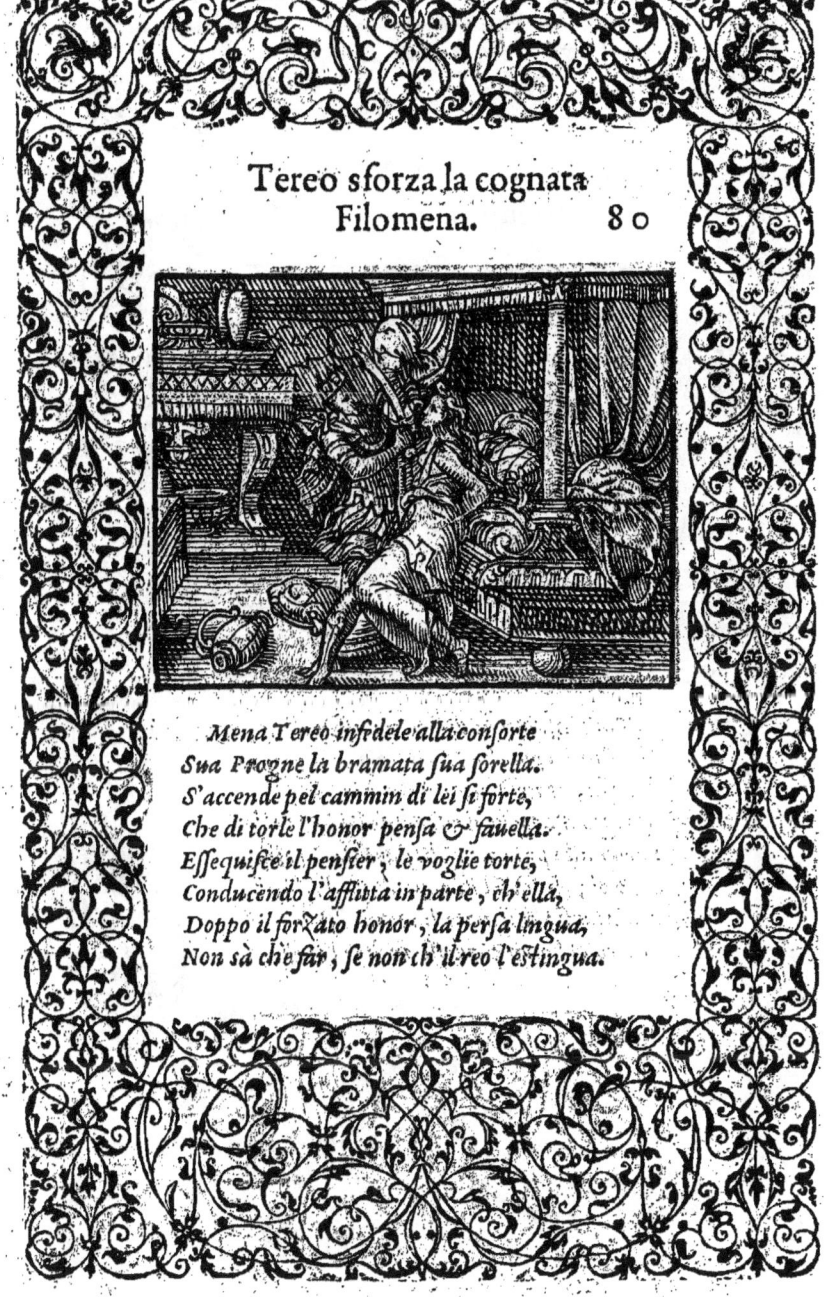

Mena Tereo infidele alla consorte
Sua Progne la bramata sua sorella.
S'accende pel cammin di lei sì forte,
Che di torle l'honor pensa & fauella.
Essequisce il penser, le voglie torte,
Conducendo l'afflitta in parte, ch'ella,
Doppo il forzato honor, la persa lingua,
Non sà che far, se non ch'il reo l'estingua.

Progne, Filomena, & Tereo infuriati.

Vede col mezzo dell'ordita tela
Progne di Filomena il caso à punto,
Seco la mena, & lei col suo duol cela
Sin che della vendetta il dì sia giunto.
Del figlio il capo tronco al Re riuela
Il vendicato torto, & d'ira punto
Riman (mentre la spada intorno mena)
Ei Bubbula, & lor Progne & Filomena.

Borea rapisce Oritya.

Il gelido Aquilon d'Oritya acceso,
Poi che la Nynfa in van seguita & priega,
Con l'alie ha quasi il Ciel tutto compreso,
Et la ribella Donna in sen ripiega.
La Nynfa (di lui tosto il seme preso)
Due figli poscia in vn sol parto spiega.
Quai furo(onde monstrossi Borea lieto)
L'vn Calai nominato, & l'altro Zeto.

Giasone & Medea si promettono la fede. 83

Dinanzi al casto nume di Diana,
Giura à Medea Giason congiugal fede,
Pur che l'aiuti sì, che non sia vana
L'impresa, & resti del vello aureo herede.
La Donna presa & stretta gl'ha la mana,
Che di lui innamorata altro non chiede,
Promettendo di farlo inuitto & forte,
Sì, che saluo al Dragon darà la morte.

Giasone addormenta il Serpente. 84

Giunto Giason doue il Serpente infonne
Notte & di guarda i ricchi aurati frutti,
Subito fa stupire huomini & donne,
E i suoi assicura di futuri lutti,
Perche à vn tratto par che il Serpe assonne,
Tal forza i carmi han da Medea construtti,
E'l liquor, doue è piu d'vn'herba sola,
Ch'il Greco caualier sopra gli cola.

Incanti & disegni di Medea. 85

Con vincoli, caratteri & parole
Sa sì bene operar Medea sagace,
Ch'il suo suocer, e s'on disegna, e vuole
Di vecchio fare un giouane viuace.
O quante volte ritardato ha il Sole,
Et quando ogni animal la notte tace,
Ignuda & scalza senza tema alcuna,
Ha fatto impallidir la bianca Luna.

Medea fa ringiouanire Esone. 86

D'herbe incantate hà piena vna caldaia
La dotta Maga, & steso in terra Esone,
Il sangue tratto gl'hà, che di vecchiaia
Tiepido & poco suole esser cagione.
Et perche tosto il corpo nuouo appaia,
Il liquor cotto in quel luogo ripone.
Plutone inuoca, & tre volte vsa sole
Fuoco, acqua, Zolfo, & magiche parole.

Medea inganna le figliuole di Pelia & fornisce d'ammazzarlo. 87

La fama di Medea per tutto scorre
D'hauer' Eson renduto ne i primi anni.
Ella, che vuol del mondo Pelia torre,
Col rinato monton cuopre i suoi inganni.
Del vecchio padre ogni figliuola corre
(Altro pensando) a gl'ultimi suoi danni,
Et mentre ogniuna inganna l'opra pia,
Medea lo scanna, enoce, & fugge via.

g 2

Hiria madre di Cygno mutata in lago, & egli nell' vccello del suo nome. 88

Cygno amato da Fyllio in don riceue,
Vn domito lion, & vn caro augello.
Ma quando contentar l'amante il deue,
Gli niega vn Toro ardito inuitto & bello.
Questo troua il fanciul si strano & greue,
Ch' ei si getta da vn monte, & diuien quello
Ch' hor è: perche Hiria madre, fuor di spene,
Vn lago fassi, e'l suo nome ritiene.

Medea si vendica della ingratitudine di Giasone. 89

Medea sdegnata che Giasone ingrato
Lasciata lei, gia preso h'a nuoua moglie,
Al Palagio reale il fuoco h'a dato,
Et à due figli suoi la vita toglie.
Et poi ch' alquanto il fuoco h'a rimirato,
A gli stigij Dragoni il freno scioglie,
Et fugge in parte doue all'hor fioriua
L'infelice Bubon, la verde Oliua.

Hercole & Cerbero. 90

Hercole inuitto, entrando nell' inferno,
Troua il trifauce Can, Cerbero detto.
La Mazza impugna, & nell' horrore interno
Percuote in van il Monstro maladetto.
Indi per non riceuer danno & scherno,
Gl'ha con forti catene il collo stretto.
Dalla cui spiuma, sparsa soura al lito,
Nacque il velen mortifero Aconito.

Eaco promette di dare aiuto à Cefalo. 91

Cefalo giunto alla città d'Egina,
Al vecchio Eaco Re fa riuerenza,
Che venutogli incontro si indouina,
Ch' in Atene esser dee nuoua temenza.
Di Cefalo al voler nel fin s'inchina,
Ne vuol vdir da lui maggior doglienza,
Offerendo di darli incontinente
Tutto il tesoro suo, tutta la gente.

Peste in Egina.

Conta d'Egina il Re la strage grande,
Che nella sua Città fe'o l'aria infetta,
Et ch' vn sol non rimase in quelle bande,
Cui non pungesse la mortal saetta.
Esser di ciò cagion la fama spande
Giunon gelosa, & vaga di vendetta,
Come quella, ch'offesa o poco o assai,
Crudel superba non perdona mai.

Formiche mutate in huomini. 93

Eco afflitto che si vede priuo
Restar d'huomin, di donne, & d'animali,
Con Gioue duolsi sol di restar viuo,
E'l priega che rimedi à tanti mali,
Quel Dio, che priego human nō prende à schiuo,
(Pur ch'humil priego porghino i mortali)
Volgendo al suo pregar le luci amiche,
Vn Popol trae d'vn monte di Formiche.

L'Aurora innamorata di Cefalo.

Cefalo, vso per tempo andare à caccia,
Mentre ferisce hor vna, hor altra belua,
Della vermiglia Aurora il cuore allaccia,
Ch'il giouan piglia, & seco si rinselua.
Ei, ch'ama & chiama Procri, la discaccia,
Et quanto amaua, odia la folta selua,
Ond'ella, che rimedio altro non troua,
Và dice ingrato, & fa di Procri proua.

Cefalo diuenuto geloso di Procri sua moglie. 95

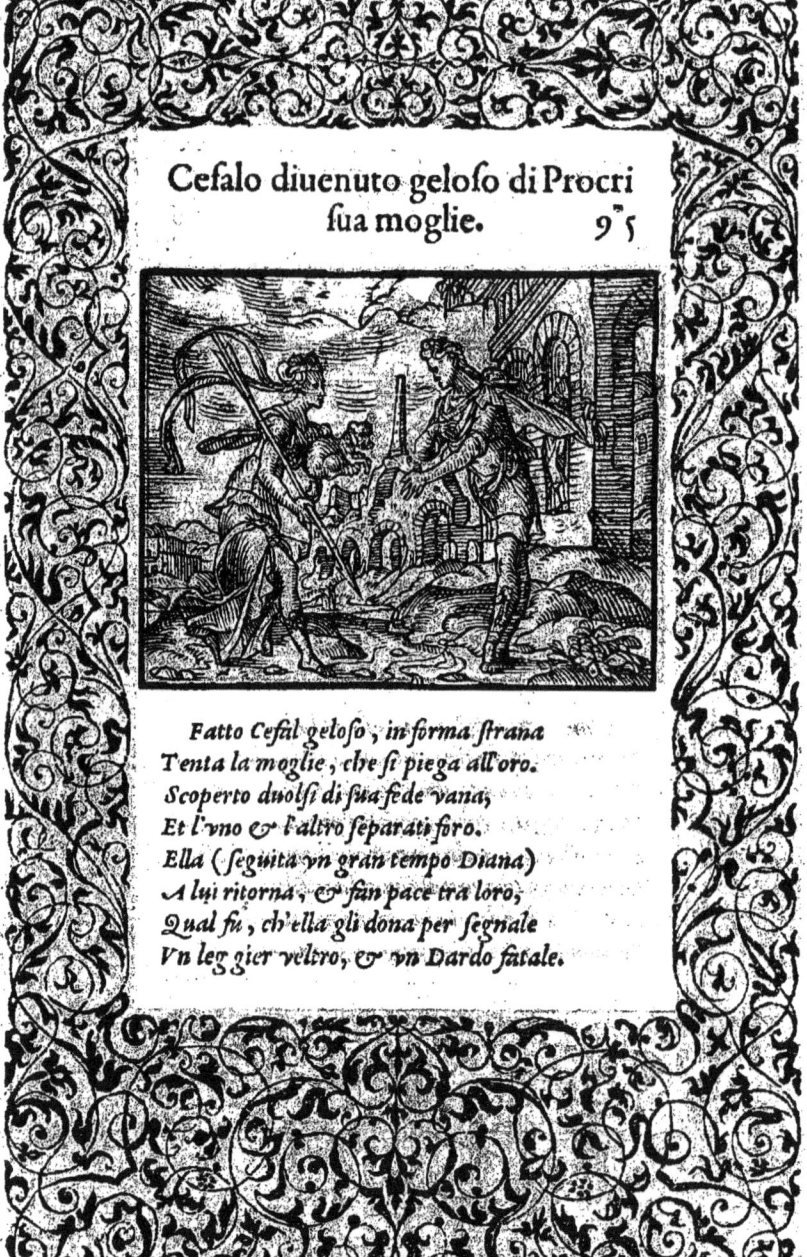

Fatto Cefal geloso, in forma strana
Tenta la moglie, che si piega all'oro.
Scoperto duolsi di sua fede vana,
Et l'vno & l'altro separati foro.
Ella (seguita vn gran tempo Diana)
A lui ritorna, & fan pace tra loro,
Qual fu, ch'ella gli dona per segnale
Vn leggier veltro, & vn Dardo fatale.

Cefalo disauedutamente vccide la moglie. 96

Come monstrosi, pria Cefal geloso,
Procri per l'aura sente hor maggior pena.
Cosi va ricercando il bosco ombroso
Di mal talento & di mestitia piena,
Et mentre hà l'occhio intento, e'l corpo ascoso
Doue vano & mortal timor la mena,
Muoue le frondi, Ei la riputa fiera,
Et col dardo l'ancide, & si dispera.

Scylla innamorata di Minos. 97

Nella Città di Megara assediata
Scylla, a cui di beltà non si può apporre,
Mentre ch'il martial conflitto guata
Dall'alta cima d'una chiusa Torre,
Più bel di tutti frà la gente armata
Le par ch'il Re di Candia & salta & corre,
Et pensa (ò Amor, chi è quel ch'à te non veda?)
Dargli il suo corpo, & la Cittade in preda.

Scylla taglia di notte la testa al padre, & la porta al Re Minos. 98

Della giouane amante il padre Niso
Vn crin vermiglio hauea fra molti bianchi.
Il qual s'indi non è suelto o diuiso,
Fa che in farli la guerra ogn' huom si stanchi.
Aspetta Scylla che il paterno viso
Di notte posi, e'n lui la vista manchi,
Et, non pensando la sfrenata al fine,
Porta del padre al Re la testa, e'l crine.

Niso & Scylla mutati in Vccelli.

Visto il Cretico Re l'animo audace,
Scylla discaccia, & fa con gl'altri tregua.
Quella, che più non sà doue hauer pace,
Dietro alle sciolte naui si dilegua.
Ma all' spirto paterno il caso spiace
Si, ch' Angel fatto, par che la persegua,
Col rostro adunco, & col tenace artiglio,
Come suol far la Lodola il Smeriglio.

Teseo vince il Minotauro & inganna Arianna. 100

Nel verde & intricato Laberinto
Vincer Teseo disegna il Minotauro,
Et l'ha col mezzo d'Arianna vinto,
Ma la fe' rotta, sol dell'huom tesauro,
Però che in parte del mar salso spinto,
Doue l'huom non ritroua alcun ristauro,
Che di nociue fiere, & d'alcun sassa,
Arianna lasciò l'ingrato in Nasso.

Dedalo si fugge, & caro cade nel mare. 101

Dedal, che chiuso già tanti anni in Creta
Era vivuto insieme col figliuolo,
Poi che la cara libertà gli vieta
Il mar, pensa scampar per l'aria à volo.
Vola, & dice al figliuol con faccia lieta
Che tenga il mezzo tra la terra e'l Polo.
Quel s'alza, & strugge l'incerate penne,
Onde il mar, dove ei cadde, il nome tenne.

h

Talo mutato in Pernice. 102

L'inuidioso Dedal, che sol niega
Che per ingegno à lui sia Talo vguale,
Che le Seste trouò primo & la Sega,
Cerca ogn'hor del nipote il biasmo e'l male.
Et finalmente sì l'inuidia il prega,
Che sopra vn' alta Torre vn dì l'assale,
Et giù lo getta, ma Minerua aiutrice
Fa dell'infranto corpo vna Pernice.

Caccia di Meleagro doue ammazza il Cigniale. 103

Con le Zanne ritorte, e'l pelo hirsuto,
Si scuopre in Calidonia vn Porco nero.
Il giouan Meleagro hà ciò saputo
Con Atalanta, & scorrono il sentiero.
La Donna prima hà l'animal ferito,
Poi doppo lei, l'amato Caualiero
Lo spiede nella spalla in modo appunta,
Che la Fiera al suo fine vltimo è giunta.

h 2

Meleagro dona la testa del Cigniale ad Atalanta. 104

L'amante, ch'hà dell'animal feroce
Hauuto in maggior parte la vettoria,
Per monstrar ch'Atalanta il cuor gli cuoce,
Et farle parte di sua lode & gloria,
Il tronco capo del Cigniale atroce
Le dona, & vuol ch'el guardi per memoria
(Nel modo ch'hoggi ogni huomo illustre porta)
Del real suo Palagio in su la porta.

Meleagro per inuidia è fatto morire dalla madre Altea. 105

Il don, fatto alla Donna dal nipote
Lor, muoue à inuidia gl' altri cacciatori.
Si che la fanno andar con le man vote,
Ma l'amante trae lor di vita fuori.
Altea ciò vede, e'l petto si percuote,
Et punisce il figliuol di tanti errori,
Riponendo sul fuoco il tizzon sagro,
Et poi s'impicca, vciso Meleagro.

Naiade mutate in Isole. 106

Fan sagrifitio à Delia le Naiade,
Senza hauer d'Acheloo pensiero o cura.
Per questo il fiume intorno le contrade,
Allaga, & cresce fuor d'ogni misura.
Isole fatte poi, dette Echinade,
Distanti & grandi con vgual figura,
Nel mar d'Etolia poser loro il nome
Del tondo pesce le spinose chiome.

Perimele figliuola d'Hippodamante
mutata in Isola. 107

Poi che la cara sua virginitate
D'Hippodamante alla leggiadra figlia
Acheloo tolse, il padre di pietate
Priuo, nel biondo crine vn di la piglia,
Et tratta l'hà dall' alta sommitate
D'vn scoglio, ma non senza marauiglia,
Perche Acheloo, ch' il suo bel corpo aspetta,
Nel mar la porta in forma d'Isoletta.

h 4

Gioue, Filemone & Bauci. 108

Gioue, che spesso tra i mortai diletto
Prendea, se bene era immortale & grande,
Da Bauci & Filemon con lieto aspetto
Pasciuto è d'assai pouere viuande.
Ei non ingrato, fa dell' humil tetto
Vn tempio, e'l suo gran nume entro vi spande,
Poi de i vecchi consorti & questo & quello
Corpo fa diuentare vn Arboscello.

Superbia d'Erisittone. 109

Il superbo Erisittone, che stolto
Conto non fa ne d'huomin ne di Dei,
Vna tagliente scure in mano hà tolto,
Et dato à vn'Alber quattro volte & sei.
Quel versa sangue, & ei vie piu sipolto
Nell'ira, i colpi mena iniqui & rei,
Et se ben deità quiui esser vede,
Altro il villan ch'abbatterlo non chiede.

Cerere manda vna Nynfa à casa della Fame. 110

Le Dee de i Boschi fanno humil richiesta
A Cerere, che vendichi il lor torto.
Ella delle sue Nynfe vna più presta
Manda alla Fame pel sentier più corto,
Che trouata l'ingorda, magra, & mesta,
Negletta & vil col viso afflitto & smorto,
Le impone, & l'opra assai le raccomanda,
Ciò che la Dea frugifera comanda.

La Fame va à trouare Erisittone. III

Va la Fame à trouar di notte l'empio,
L'abbraccia & stringe, & poi gli soffia in gola.
Lo rende tal, ch'ei sarà presto essempio
A chi troppo alto con l'orgoglio vola.
Il miser desto far tal sente scempio
Delle viscere sue, ch'ogni parola
Altro non è (benche ad ogn'hor si sfame)
Che di dolersi di morir di fame.

Erisittone véde più volte la figliuola
per hauere da mangiare, & alla
fine diuora se medesimo.   112

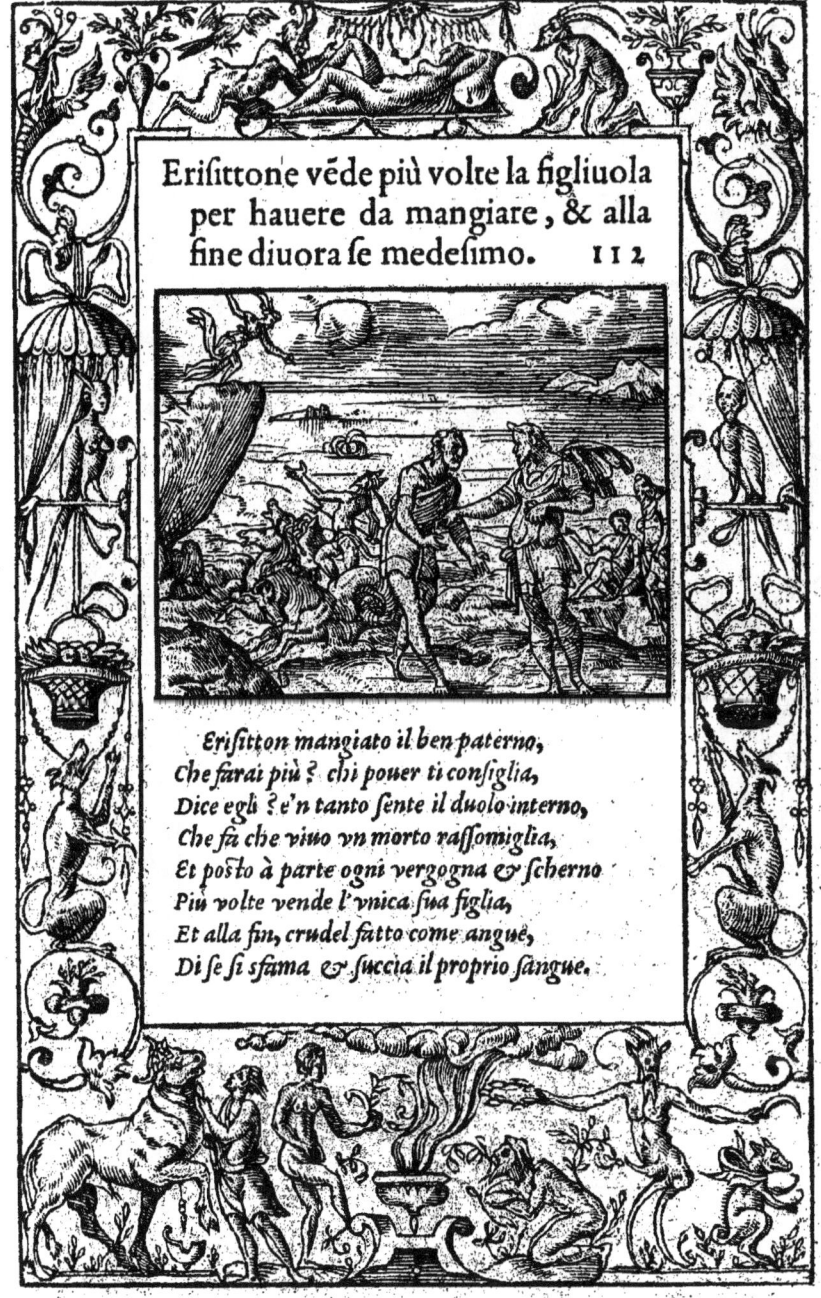

Erisitton mangiato il ben paterno,
Che farai più? chi pouer ti consiglia,
Dice egli? e'n tanto sente il duolo interno,
Che fa che viuo vn morto rassomiglia,
Et posto à parte ogni vergogna & scherno
Più volte vende l'vnica sua figlia,
Et alla fin, crudel fatto come angue,
Di se si sfama & succia il proprio sangue.

Hercole & Acheloo. 113

Hercol, ch'amaua assai Deianira,
Con Acheloo per lei viene à contesa.
Alle braccia lo vince, & quel sospira,
Et d'vn serpente hà la sembianza presa.
Hercol lo vince anchora, & quel s'adira,
Et pensa in Toro guadagnar l'impresa,
Ma perde, che gl'hà Hercole spezzato
Quel Corno, che fu poi Copia chiamato.

Hercole ammazza Nesso. 114

Poi ch'il Centauro ad Hercole ha promesso
Con Deianira di passare il fiume,
Non hà sì tosto il piede in terra messo,
Ch'à fuggir par che seco habbia le piume.
Hercole grida, & dice, ai Nesso Nesso,
Non è di fedel huom questo costume,
Et con vn stral, che folgore risembra,
Passa del Monstro le biformi membra.

Hercole si veste la camiscia di Nesso, & s'abrucia. 115

La camiscia, ch'hà in dosso aueleuata,
Lascia Nesso alla Donna, & dice ch'ella
Forza hà di racquistar la cosa amata,
S'auien che dall'amante sia rubella.
Lyco à Hercole in don quella ha portata,
Che se la veste, & d'ardersi fauella,
Sentendo (poi che Lyco in mare ha scosso,)
Il velen penetrato insino all'osso.

Hercole deificato.

Arse il fuoco mortale il mortal velo,
Et sol si strusse la terrena salma.
Ma dal suo genitor ricolta in Cielo
Fu quella pura & inuincibile alma.
Quiui ripiena di diuino zelo
Ricolse de suoi merti etterna palma,
Et nel mezzo d'ogn'altra ornata & bella
Fu fatto Alcide vna lucente stella.

Lucina corrotta da Giunone, cerca d'impedire il parto d'Almena, & muta Galante serua in Donnola. 117

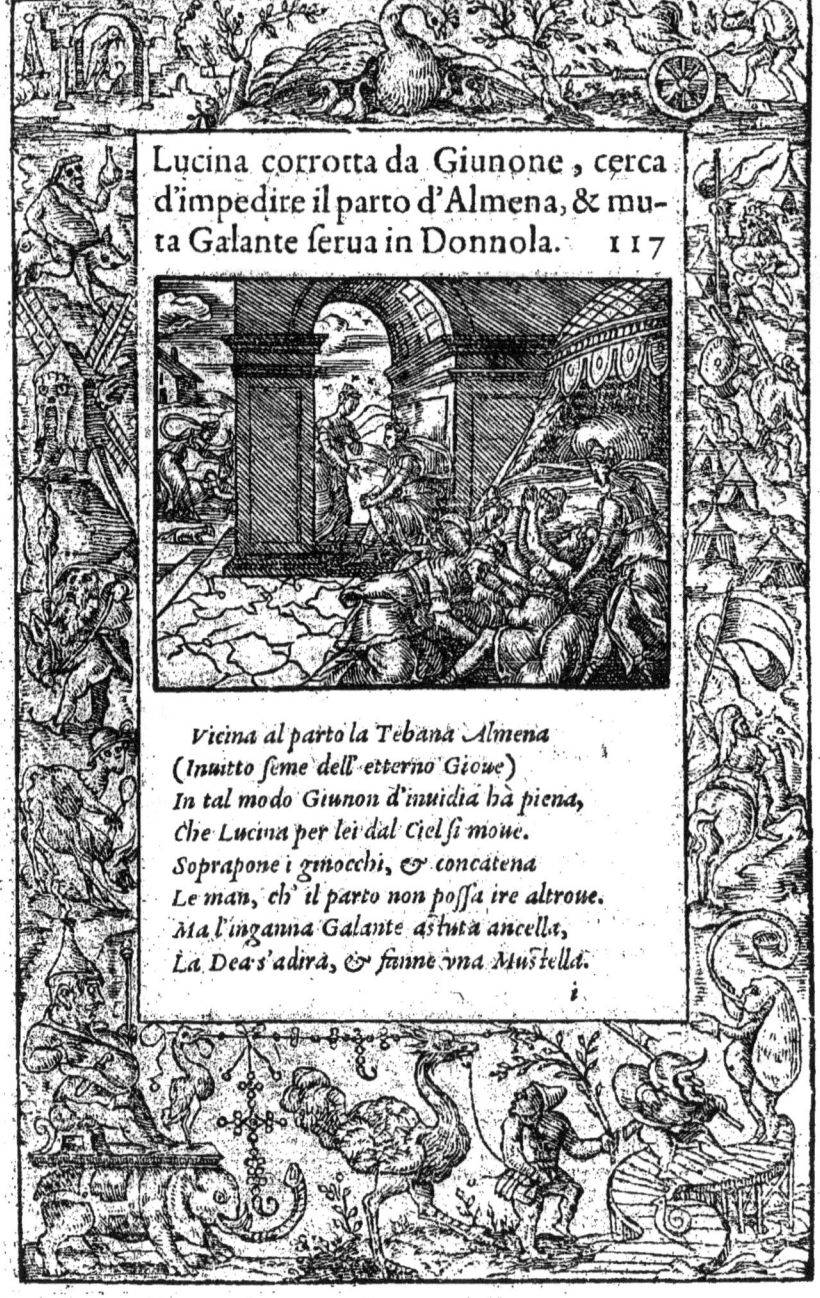

Vicina al parto la Tebana Almena
(Inuitto seme dell'etterno Gioue)
In tal modo Giunon d'inuidia hà piena,
Che Lucina per lei dal Ciel si moue.
Soprapone i ginocchi, & concatena
Le man, ch'il parto non possa ire altroue.
Ma l'inganna Galante astuta ancella,
La Dea s'adira, & fanne vna Mustella.

Loto & Driope Nynfe mutate in Alberi de i loro nomi. 118

Mentre al fug gir Priapo è Loto intenta,
Arbor diuien, ma gia non cambia nome.
Fiorifce, & ecco à lei ch' ei s'appresenta
Driope, & cerca al figlio ornar le chiome,
Ma seco à un tratto mesta si spauenta
Ch' indi vede vscir sangue, & non sà come.
Chiede mercè, ma ciò poco le gioua,
Ch' un Arboscello anch' ella si ritroua.

Biblide mutata in Fonte. 119

Poich' hà la scelerata Bibli in vano
Con lettere, con prieghi & con parole
Cerco del suo desio l'atto profano,
In van s'affligge, si lamenta & duole.
Chiama Cauno fratel duro & villano,
Che pur vorria ciò, che ragion non vuole,
Et tanto al lagrimar le luci hà proute,
Che l'ardor suo spegne conuersa in fonte.

Teletusa fa credere al marito che la
sua figliuola è maschio. 120

Fu sempre della Donna vsanza vecchia
Monstrare il falso al credulo marito.
Nella fe' della sua Lyddo si specchia
Si, che senza dishnor riman tradito.
Vccider giura, & farlo s'apparecchia;
S'altro che maschio è del suo corpo vscito.
Con tutto ciò la moglie, fuor di duolo,
Creder gli fa che maschio è il suo figliuolo.

La figliuola di Lyddo conuertita in maschio. 121

Venuto il tempo, ch' il connubio s'vsa,
Lyddo Isi (cosi nome hà il figliual finto)
Dice alla cara moglie Teletusa
Con Iante hauer maritalmente auuinto.
La Donna, che non può trouar più scusa,
D'Isi con prieghi e incensi il tempio hà cinto,
Laqual (come dinanzi hauea promesso)
I fi figlia conuerte in viril sesso.

Orfeo racquista & riperde la moglie Euridice.

Poscia ch' il bianco piè fra l'herbe ascosa
La serpe morse à Euridice bella,
Et che l'aguta piaga velenosa
Le fu dal corpo l'anima rubella,
Amor & duol, che possono ogni cosa,
Col suon d'Orfeo, che rende ogn' alma ancella,
(Benche di nuovo poi ne fosse privo)
La ridusser d'inferno in atto vivo.

Eccellenza d'Orfeo nel sonare & lamentarsi. 123

Persa la moglie l'infelice Orfeo,
Sol per colpa di lui, che troppo l'ama,
All'hor che ei si riuolse al centro reo,
Doue di vitio human Cerber si sfama,
Più non canta Hynni à Dio, come gia feo,
Ma cou voce dolente humile & grama
La morte chiama, & fra i pietosi accenti,
Pianger fa seco Tygri, Orsi, & Serpenti.

i 4

Cyparisso mutato in Cypresso. 124

Cyparisso gentil da Febo amato,
Vn Ceruio amaua mansueto & snello,
D'oro & di fiori il collo e'l capo ornato
Gl' hauea, per farlo più leggiadro & bello.
Fortuna volle, essendo à caccia andato,
Ch' ei l'ammazzò, non conosciuto quello,
Perche, insorse d'vccider poi se stesso,
Febo mutollo in funeral Cypresso.

Gioue rapisce Ganimede.   125

Il volubil marito di Giunone,
Ch'il passato, il presente, e'l futur vede,
Vn gentil seruo hauer seco dispone,
Ch'il Nettare gli dia, quando lo chiede.
Gl'occhi riuolge in ogni regione,
Et dormir scorge in Ida Ganimede.
Scende in forma d'vn'Aquila dal Polo,
Et via il Pincerna suo ne porta à volo.

i 5

Iacinto ammazzato disaueduta-
mente da Febo & mutato in
vn Fiore del suo nome.   126

Mentre che mena con Iacinto il gioco
Febo, & giucando volge gl'occhi & ride,
Sente tanto piacer, ch'à tempo o loco
Non mira, o come il braccio & la man guide.
Il Disco scaglia, che sospeso vn poco
In aria, cade, e'l giouanetto ancide.
Febo in vn fior l'amate membra accoglie,
Et scriue Aime nelle purpuree foglie.

Le Cerafte mutati in Tori & le Propetide in Safsi. 127

Le cornute Cerafte in Cypro à Gioue
De i peregrin faceuan fagrifitio.
Non par che Cytereatal cofa approue,
Et difegna lafciar l'vfato hofpitio.
Poi fi rifolue, che fenza ire altroue
Può rimediare à tanto malefitio,
Et conuerte, fpegnendo tanti errori,
Le Propetide in Safsi, & quelli in Tori.

Statua d'auorio di Pimmalione fatta viua. 128

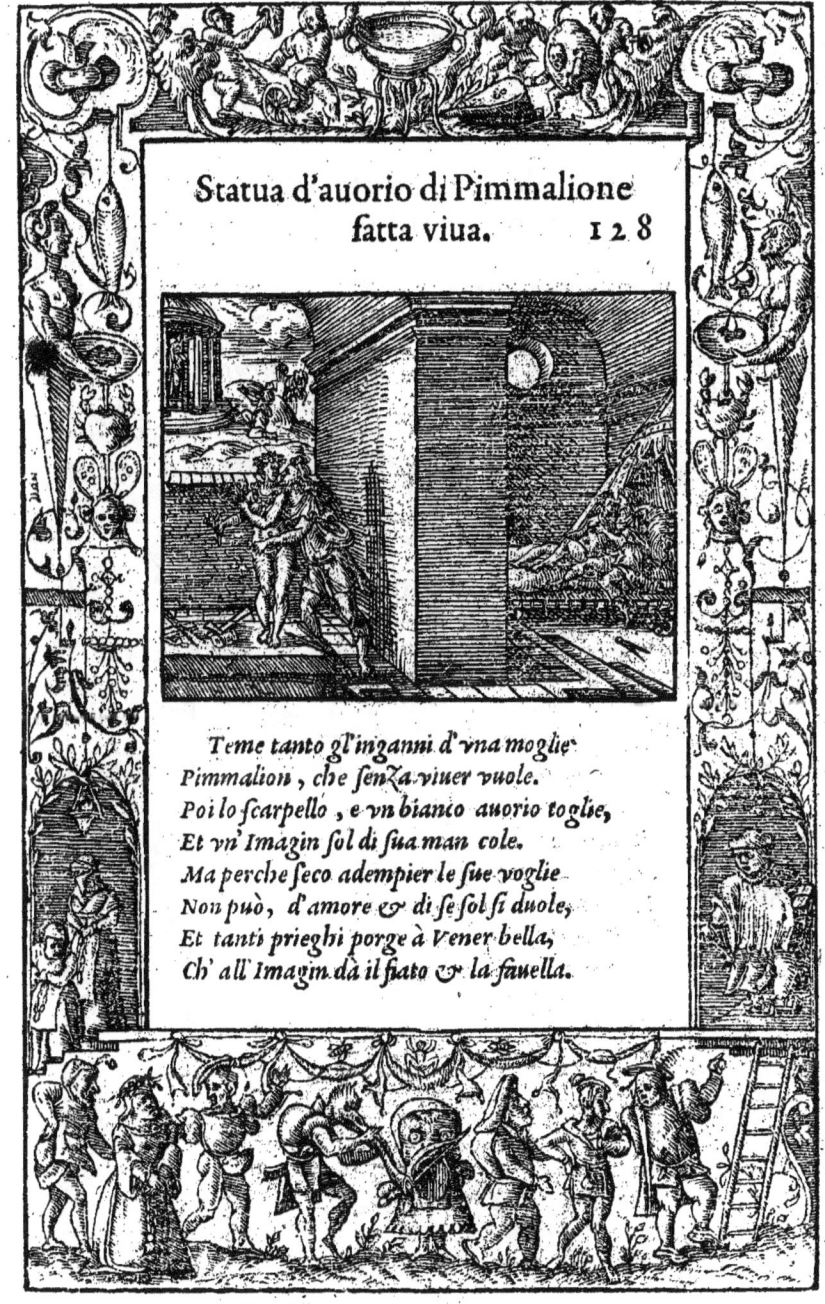

Teme tanto gl'inganni d'vna moglie
Pimmalion, che senza viuer vuole.
Poi lo scarpello, e vn bianco auorio toglie,
Et vn' Imagin sol di sua man cole.
Ma perche seco adempier le sue voglie
Non può, d'amore & di se sol si duole,
Et tanti prieghi porge à Vener bella,
Ch' all' Imagin dà il fiato & la fauella.

Myrra si vuole impiccare innamorata di suo padre. 129

Da vn lato ragion, dall'altro Amore
Han la mente e'l desio di Myrra acceso.
Desio l'induce à manifesto errore,
Ragion d'honor le porge il contrapeso.
Dubbiosa al fin tra speme & fra timore,
Per la palida gola vn laccio hà teso,
Che sol troua, d'amore & ragion piena,
Vna morte rimedio à doppia pena.

Myrra per mezzo della sua Balia
vsa di notte con suo padre. 130

La Balia, ch'hauea pria dal nodo stretto
Myrra disciolta, va cercando ogn'arte
Per dare à lei l'illecito diletto,
Et seco hauer nel graue fallo parte.
Fa sì, che in lei nel genital suo letto
Il genitore hà le semenze sparte.
Al padre (l'error visto) il cuor si strugge,
Cerca vccider la figlia, Ella si fugge.

Myrra mutata in Arbore, partorisce Adone. 131

Mentre fugge la figlia il padre irato,
Et forse in van dell'error suo si pente,
Il corpo, sol cagion del suo peccato,
Alzarsi & duro diuentar si sente,
Ecco ch'ei pare vn arboscel già nato,
Che s'apre, & fa stupir chi lo pon mente,
Però che così fesso in terra espone
Vn fanciul, nominato il bello Adone.

Venere innamorata d'Adone.   132

Nutrir le Nynfe Adon come figliuolo,
Ch'ogni giorno in beltà lieto crescea,
Et per le selue peregrino & solo
Ogni suo studio nel cacciar ponea.
Costui (lasciato Pafo, e'l terzo Polo)
Prese in amor d'Amor la madre & Dea,
Et l'ammonì (tanto il suo mal la cuoce)
Di non cacciar giamai bestia feroce.

Hippomene & Atalanta fanno à correre insieme. 133

Fu sempre l'oro à quelle Donne amico,
Che poco han cara la lor honestade,
Donne portate in pace quel ch'io dico,
Voi dico morte, & della nostra etade.
Visse Atalanta assai col cuor pudico,
Ne d'huom prezzò bellezza, o nobiltade.
Ma come in giostra ella & Hippomen foro,
Vincer lasciossi da tre palle d'oro.

k

Hippomene & Atalanta mutati in Lioni per hauere profanato il Tempio di Cybele. 134

La madre già del faretrato Dio
Donò le palle al giouanetto amante,
Ma quello il douer suo posto in oblio,
Non mosse à ringratiarla mai le piante.
La Dea sdegnata accese in lor desio,
Che insieme usaro à Berecintia innante,
Che gli mutò (se il ver con Nason narro)
Ne i Lion, che tirar poscia il suo carro.

Adone morto da vn Cigniale & mutato in fiore. 135

L'incredulo figliuol di Myrra pure.
Nel bosco caccia ogni seluaggia fiera,
Ecco vn Cignial, che le spumose & dure
Zanne discuopre con la fronte altiera.
Il giouan vuol ch' vn spiede l'asicure,
Ma la bestia è di lui più forte & fiera,
Si che il ferisce, & morto, à mano à mano
Diuenta vn fior, che par di Melagrano.

k 2

Orfeo vcciso dalle Baccanti. 136

Poi che la Donna sua tanto gradita
Ha persa Orfeo, più d'altra non gli cale,
Et sol ne i boschi col suon dolce inuita
Ad vdirlo ogni pianta, ogni animale.
Tal nuoua in Tracia han le Baccanti vdita,
Et ogniuna di lor l'incauto assale
Si, che tosto han con pietre, & haste attorte
Il Poeta diuin condotto à morte.

DECIMO.

La lyra & la lingua d'Orfeo si lamentano, & il serpente è mutato in sasso. 137

Hebro fiume la Lyra, e'l capo in seno
Con la lingua raccolse vnica & rara,
Ch' ambo rendero vn suon di pietà pieno,
Et di dolor voce soaue & chiara.
La testa inghiottir poi soura al terreno
D'vn serpe volle l'empia gola auara,
Ma Febo, che soccorre ogniun ch'el merta,
Vn sasso il fèo restare à gola aperta.

k 3

Auaritia del Re Mida. 138

Tosto ch'hà le Baccanti arbori fatto
Bacco, à cui del perso Orfeo dolea,
Va Mida à ringratiar del cortese atto,
Ch'al suo vecchio Sileno vsato haueà.
Chiede l'auaro Re che d'oro il tatto
Suo faccia diuentar ciò che ei tenea,
Pentesi, & lascia col lauarsi solo
Dell'Or virtù nel fiume di Pattolo.

Mida con gl' orecchi d'Asino. 139

Rade volte adivien che vn ricco avaro
Acquisti honor di qualche bella impresa.
Pan, certo nel sonar fistole raro,
Per sorte vien con Febo à gran contesa.
Mida, à cui l'or turbò il giuditio chiaro,
Del Sol l'arte & la Lyra hà vilipesa,
Onde il Dio vuol che con le indotte labbia
D'vn' asin(qual hà il cuor)gl'orecchi anco habbia.

Troia allagata per l'ingratitudine di Laomedonte. 140

Guardisi pur di fare à Dio promessa
Chi benificio alcun da lui riceue.
Pria ch' haueßin la mano à Troia messa
Febo & Nettunno, al Re non parue greue
Prometter molto, & poi che l'opra istessa
Fornita fu, sostien che nulla deue.
Per ciò Nettunno contro al Re s'annoia,
Et con l'onde salate allagha Troia.

Peleo & Teti. 141

Più volte hà Peleo già tentato in vano
Far Teti bella al suo desio conforme.
La Nynfa vscita gl'è sempre di mano
Col mutar nuoue & monstruose forme.
Ma Proteo, al suo pregar fattosi humano,
Gli insegna di legarla all'hor che dorme.
Peleo l'apposta, lega, & stringe il seno,
Et d'Acchille le lascia il ventre pieno.

Mercurio, Chiona, Apollo, & Diana.

Mercurio innamorato di Chione,
Col caduceo la tocca & l'addormenta.
Seco vsa, & poi ch'el carro in mar ripone
Apollo, anch'egli al giuoco s'appresenta.
La Donna grossa à Febo Filamone,
Autolico à Mercurio vn dì presenta.
Quel canta, questo ruba, & ella ardita
Diana sprezza, che le toe la vita.

Lupo fatto di marmo. 143

Dalla cima d'vn monte il padre mesto
Di Chiona, cadendo augel fatto era,
In tanto ch' vn macel crudo & funesto
Di Peleo appar su la bouina schiera.
Questo era vn Lupo si rabbioso & presto,
Che d'assaltarlo ardito alcun non era,
Ma fu si à Teti il dir di Peleo accetto,
Ch' vn marmo apparse il fier Lupino aspetto.

Naufragio di Ceice andando all'oracolo d'Apollo. 144

Con dolor, che vgualmente anch'esso strugge
Dice Ceice ad Alcyone à dio,
La vela spiega, che gonfiata fugge
Per ritrouar di Claro il biondo Dio.
Ecco Aquilon che contro à Noto rugge
Cecia ver Libyo tempestoso & rio.
Tal che, perso il nocchiero albero & sarte,
Lascia ir del legno in mar le membra sparte.

Giunone pregata da Alcyone manda Iris alla casa del Sonno. 145

La misera Alcyon, del caso ignara,
Porge à Giunon in van parole & prieghi,
Che tenga in pace l'onda, & l'aria chiara
Perche il gia morto sposo non s'annieghi.
La Dea, che più non può, la nuoua amara
Vuol ch'alla Donna un tristo sogno spieghi,
Et sull'Arco celeste Iride spaccia,
Che noto il suo volere à Morfea faccia.

Descrittione della casa del Sonno. 146

Nel gran monte Cimmerio è l'antro oscuro,
Doue raggio di Sol mai non penetra,
Del Sonno, à cui i Papaueri fan muro,
Et Letheo liquor stilla ogni pietra.
Quiui non Cane abbaia, Gallo sicuro
Non è, ch'il Dio tutti i romori arretra,
Si che à pena Iri (mezza addormentata)
Puo di Giunon finir l'alta imbasciata.

Morfea in forma di Ceyce ap-
parifce in fogno ad
Alcyone. 147

Morfea, faputo di Giunon le voglie,
Vefte del morto l'habito dogliofo,
Et uià per l'aria i cheti uanni fcioglie,
Doue fente Alcyon dubbio ripofo.
Al fuo apparir la Donna defta accoglie
Tal duol, che corre al lito fluttuofo,
Doue, uifto il cadauer congiugale,
Si getta, & feco mette à un tratto l'ale.

Esaco mutato in Mergo. 148

Saria meglio talhor Donne mie care
Non hauer ciò, che più vi piace, à sdegno.
Questo Eperia fuggendo hora vi impare,
Et di sua scortesia vi monstre segno.
Morta fu da vn serpe appresso al mare,
Et perir feo chi'l cuor le dette in pegno,
Esaco, che diuenne in tal cordoglio
Vn Mergo nel cader da vn'alto scoglio.

Ifigenia condotta al sagrifitio. 149

L'innocente Ifigenia, all' altar sopra
Condotta, inuoca di Diana il nume.
La qual, mossa à pietà di sì cruda opra,
Et per leuare vn così reo costume,
Di tor la vergin via sue forze adopra,
Et di lei in vece sul frustrato lume
(Vittima degna più di tal supplitio)
Vna Cerbia appresenta al sagrifitio.

l.

Guerra Troiana. 150

Molte rouine per le donne sono
Occorse gia, e anchor nascono spesso.
L'honor, la vita, e l'oro in abbandono
Per vna Donna fu da i Greci messo.
Et poteo tanto il lamenteuol suono
D'vn'altra, che del Regno fu dismesso
Tarquino, e cosi dier trauaglio e noia
Lucretia à Roma, Helena bella à Troia.

Cygno mutato nell' vccello del suo nome. 151

Contro al giouane Cygno Acchille il forte
Combatte, ma ferir nol puo niente.
Quello, per ischiuar prigione o morte,
Si monstra contro à lui fiero & possente.
Al fin di Cygno son le forze corte,
Et viene in preda del Baron vincente,
Ch'altro del vinto corpo al fin non tenne,
Che d'vn Cygno canor le bianche penne.

Cenea mutata in huomo & fatta inuulnerabile.

Non puo Cenea fuggir tanto la caccia,
Qual Nettunno le dà, che non sia presa
Da lui, che stretta l'hà con ambe braccia,
Et di lei satia la sua voglia accesa.
Ond' ella il priega di cangiar di faccia,
Et fatto huom, che non l'habbia il ferro offesa.
Cosi lo Diò, ch' hà il suo piacer pigliato,
D'huom corpo inpenetrabil l'hà donato.

Nozze di Pyritoo disturbate da i Centauri. 153

Mentre tra il vin, le feste & le viuande
Teseo alle nozze di Pyritoo è intento,
Eurito, de i Centauri il più grande,
Rosso pel troppo vin la fronte e'l mento,
Vuol la sposa rapir, l'ira si spande
Da tutti i lati, & grande è lo spauento,
Ma in tanto che l'un fora & l'altro taglia,
Teseo hà l'honor della crudel battaglia.

Contrasto tra Vlysse & Aiace per l'arme d'Achille. 154

Achille morto, il fier giouane Aiace
Vuol l'arme hauer, ma se gli oppone Vlysse.
Quel mette innanzi ogni suo fatto audace.
Questo, che più di lui gia fece & disse,
Il consiglio de i Greci ascolta & tace,
Et tiene in amendue le luci fisse,
Ma tanto han forza al fin l'arte & l'ingegno,
Ch' Vlysse è fatto sol dell' armi degno.

Armi d'Acchille fabbricate da Volcano, secondo Homero. 155

Teti visto il figliuol suggetto à Marte,
D'assicurarli il corpo si dispone,
Et ratta si conduce in quella parte,
Doue è Sterope, Bronte & Pyrammone.
Priega Volcan, ch' ogni sua industria & arte,
Et la man per armare Acchille pone
D'Elmo, Coraza, & Scudo ricco & terso,
In cui scolpito è tutto l'vniuerso,

l 4

Aiace disperato s'ammazza. 156

Lo scherno e'l duol nel generoso petto
D'Aiace fur di tal vigore & forza,
Che con la spada in mano & l'Else stretto
La vita à vn tratto, e'l giusto sdegno ammorza.
Ecco del sangue caldo & vermiglietto
Nascer di rosso fior nouella scorza,
Et (qual fu il duol del giouane Iacinto)
Il fior del nome anchor d'Aiace tinto.

Hecuba presa da i Greci. 157

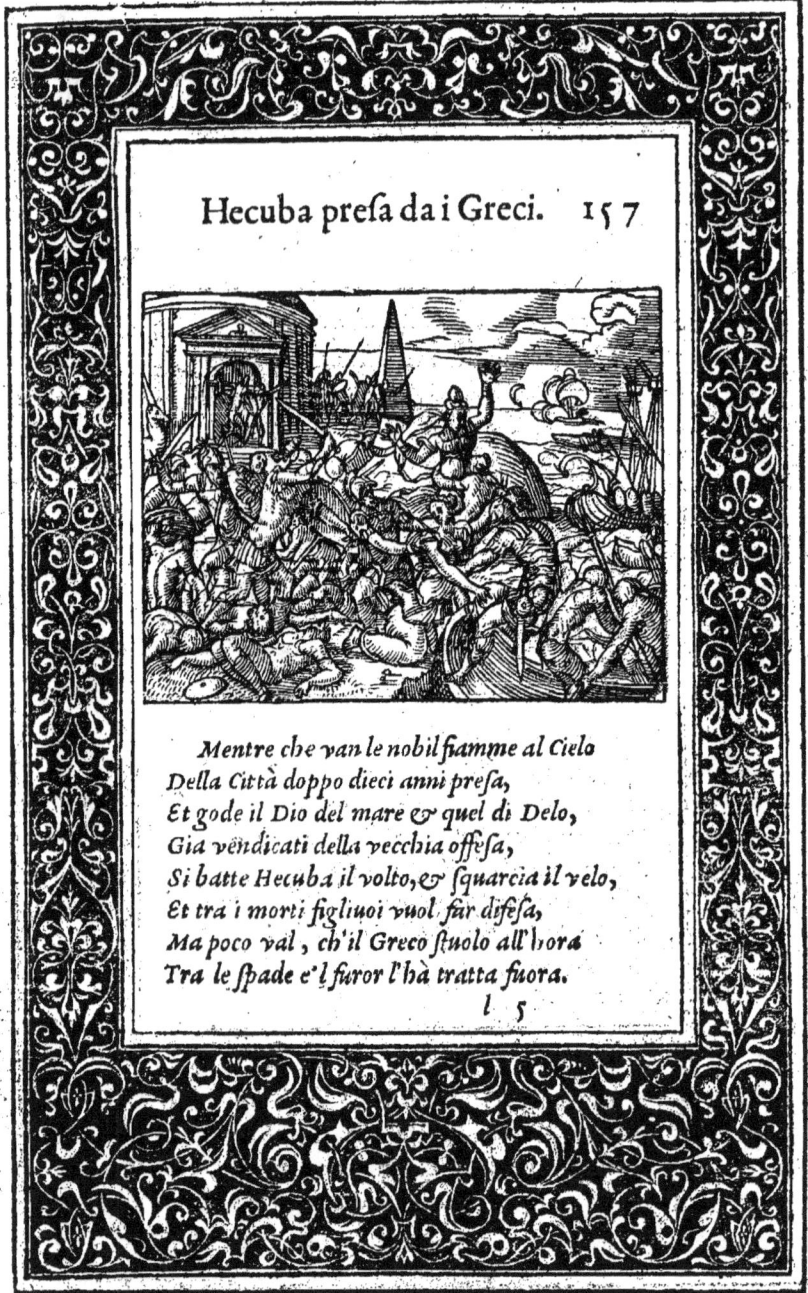

Mentre che van le nobil fiamme al Cielo
Della Città doppo dieci anni presa,
Et gode il Dio del mare & quel di Delo,
Gia vendicati della vecchia offesa,
Si batte Hecuba il volto, & squarcia il velo,
Et tra i morti figliuoi vuol far difesa,
Ma poco val, ch'il Greco stuolo all'hora
Tra le spade e'l furor l'hà tratta fuora.

l 5

Polynnestore Re di Tracia ammazza Polydoro. 158

O rabbiosa dell'oro ingorda sete,
Che non fai tu all'huomo auaro fare?
Priamo, che turbar la sua quiete
Vede, & vuol pure vn de i figliuoi saluare,
Polydor manda in Tracia, & perche lieto
Possa l'amiche case ritrouare
Oro gli dà, cagion (non fato o sorte)
Ch'il Tracio auaro Re gli dà la morte.

Pulysena sagrificata per l'anima d'Achille. 159

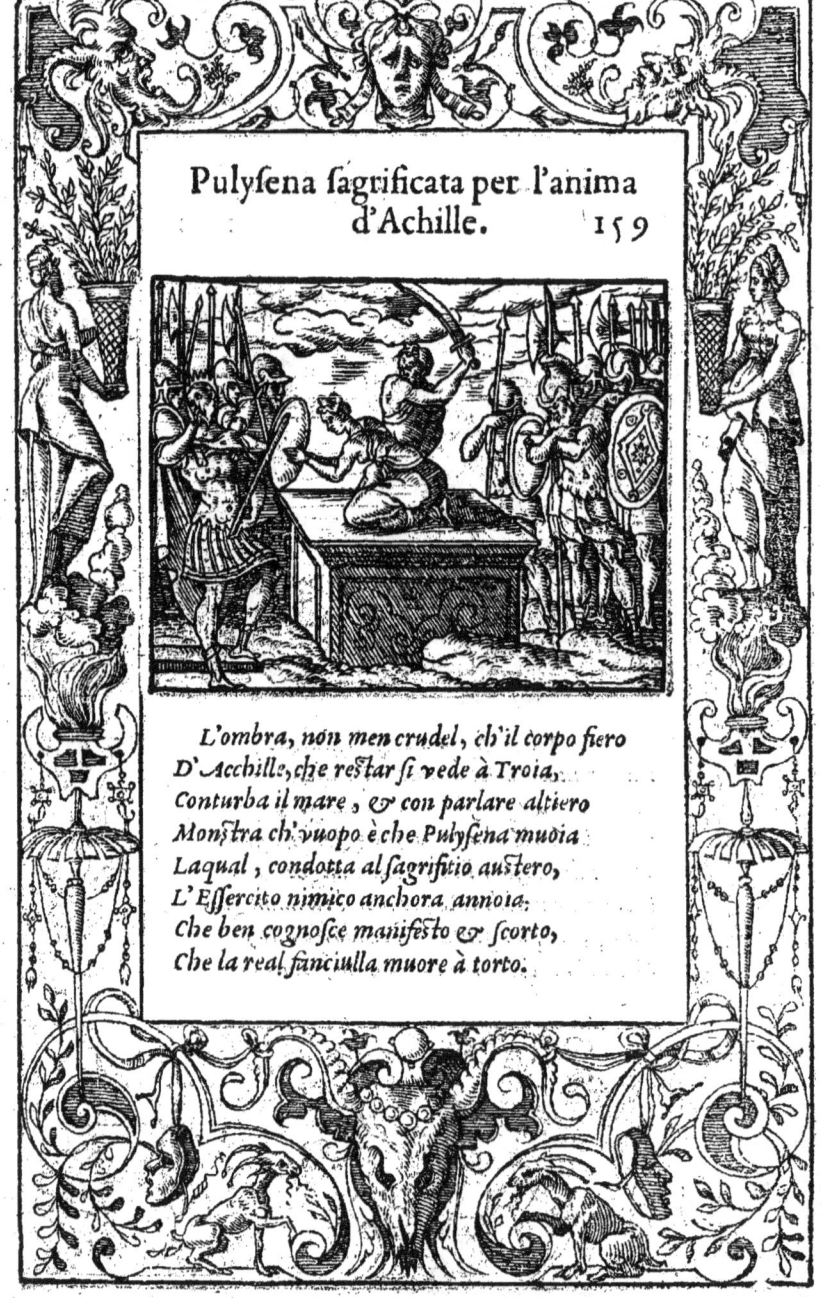

L'ombra, non men crudel, ch'il corpo fiero
D'Acchille, che restar si vede à Troia,
Conturba il mare, & con parlare altiero
Mostra ch'vuopo è che Pulysena muoia
Laqual, condotta al sagrifitio austero,
L'Essercito nimico anchora annoia:
Che ben cognosce manifesto & scorto,
Che la real fanciulla muore à torto.

Hecuba troua Polydoro morto. 160

Hecuba della figlia il corpo essangue
Va per lauar nelle marittime onde,
Et mentre del suo fato acerbo langue,
L'vn duolo all'altro assai maggior risponde.
Troua di Polydor l'altro come angue
Freddo, & vedute le sue membra immonde,
Piange, nè puo pensar (sì crudo è l'atto)
Che Polynnestor reo habbia ciò fatto.

Hecuba ammazza Po-
lynneſtore. 161

Hecuba, certa, che l'amico auaro
Morto hà il figliuol, ſi volge alla vendetta.
Finge voler monſtrargli vn teſor raro,
Et al paſſo mortal l'ingordo aſpetta.
Quiui de i perfidi occhi il lume chiaro
Gli toglie, & nel furor tanto s'affretta,
Ch'à gola aperta, & nell'alzar le mane,
Di pietra vn can ch'abbaia quiui rimane.

Mennone conuerso in Vccello del suo nome. 162

L'Aurora visto ch'al Troiano assedio
Acchille il suo figliuol di vita spoglia,
Cerca dinanzi à Gioue vn sol rimedio,
Qual'è che d'immortal prenda altra spoglia.
Lo Dio, che i suoi tener non suole à tedio,
Ne soffrir ch'il fedel giusto si doglia,
Della cenere sua fa che sian nati
Gl'augei, che fur Mennonidi chiamati.

Enea porta Anchise sulle spalle. 163

O quanto è ver che chi di viver brama,
A i genitor suoi porti riuerenza.
Però cugin Francesco, il mio cuor v'ama,
Ne morrà de Mazzei mai la semenza.
Così figliuoi s'acquista honore & fama,
Che non han di perir mai più temenza.
Ciò che vi monstra pel Troiano calle
Enea col vecchio Anchise su le spalle.

Figliuole d'Anio Re & Sacerdote in Delfo mutate in Colombe. 164

D'Anio alle figlie dà Bacco tal gratia,
Che ciò che toccan, vino & gran diuenta.
Atride vuol che la sua gente satia
Faccino, & di rubarle al padre tenta.
Prese cercan fuggir tanta disgratia,
Et ciascuna al fratel suo s'appresenta,
Ch'à renderle constretto à chi le chiede,
In Colombe cangiar tosto le vede.

Polyfemo & Galatea. 165

Quanto à spirto gentil conuiensi Amore,
Tanto è men bello in animo villano.
Polyfemo, crudel Monstro & Pastore,
Vuol por su Galatea la rozza mano,
E uscito del ceruel, del senno fuore
Suona à seder sul monte Siciliano,
Ma la gentile & candida fanciulla
Sen ride, & col suo Aci si trastulla.

m

Aci mutato in fiume. 166

Il Cyclopo sdegnato & furioso
Sueglie vn gran masso, e al giouane l'auuenta,
Fortuna vuol, che d'ogni human riposo
Lungamente non è lieta o contenta,
Ch' Aci lento al fuggir, ne meno ascoso
La percossa del sasso addosso senta,
Et morto (fuor d'ogni mortal costume)
Resti col nome suo perpetuo fiume.

Glauco innamorato di Scylla. 167

Glauco marin, che dentro all' onde chiare
Il bel corpo di Scylla ignudo vede,
In van la priega di volerlo amare,
Ch' amante più gentil la Nynfa chiede.
Il miser, che non sà più che si fare,
Riccorre à Circe, e'l suo soccorso chiede,
Pregandola che renda il marin Dio
A Scylla con incanti il cuor più pio.

Scylla mutata in vn Monstro marino. 168

Circe gelosa le parole à sdegno
Hà prese sì, che in vece di soccorso
Mette nel ricercare ogni suo ingegno
Doue Scylla nel mar suol far ricorso.
Quel luogo incanta, che mirabil segno
Nel toccar dimostrò di Scylla il dorso,
Perche tosto apparì con piedi & mani
Maggior di tutti vn can fra molti cani.

Candulo & Atlante fratelli ingannatori, & per cio detti Cercopi mutati da Gioue in Scimie. 169

Cosa non è che più dispiaccia à Dio,
Quant' è dell' huomo il simulato inganno.
Di questi la mia parte hò prouati io,
Ch' il mele in bocca, e'l fiel dentro al cuor' hanno.
Et di questo tal seme iniquo & rio
Gl' empi Cercopi anchòr fede si fanno,
Fatto ogn' vn scimia, ch' hoggi anchor frande vsa,
N'ell' Isola chiamata Pytecusa.

Sibylla Cumana amata da Febo
impetra di viuere à misura della
poluere che haueua in mano. 170

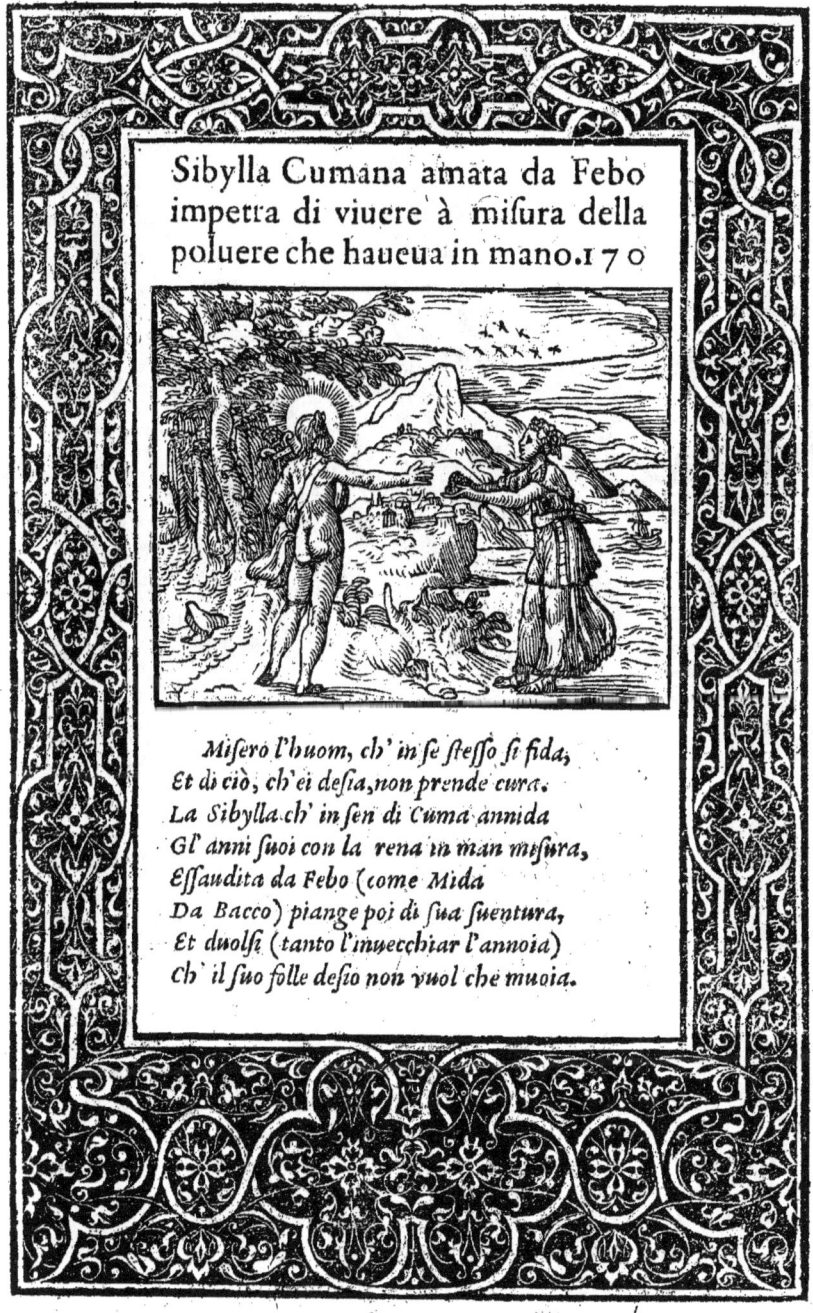

Misero l'huom, ch' in se stesso si fida,
Et di ciò, ch'ei desia, non prende cura.
La Sibylla ch' in sen di Cuma annida
Gl' anni suoi con la rena in man misura,
Essaudita da Febo (come Mida
Da Bacco) piange poi di sua suentura,
Et duolsi (tanto l'inuecchiar l'annoia)
Ch' il suo folle desio non vuol che muoia.

Achemenide Greco & abbando-
nato, ricolto nelle naui d'Enea, nar
ra la crudeltà di Polyfemo.   171

Neſſun deurebbe da miſeria oppreſſo
Mai diſperarſi del diuino aiut.
Nel lito Siciliano in oblio meſſo
Achemenide (che hà ſpeſſo veduto
Polyfemo ſmembrar gli huomin da preſſo,
Et eſſerſi il crudel di quei paſciuto)
Conta hora à Macareo, ch'eſul viuea,
Le ſue diſgratie; & la pietà d'Enea.

Compagni d'Vlysse mutati in Porci.

Circe Maga crudel, non satia anchora
Del mal, ch' all'innocente Scylla hà fatto,
Tosto che delle naui vsciti fuora
I Greci sono, e à lei corsi di tratto,
Con sembianti cortesi pria gl' honora
(Come fà chi vuol far spesso vn mal' atto)
Ma poi gli muta, (tai parole disse)
In Porci, sin che liberogli Vlysse.

Pico mutato in vn Picchio. 173

Pico incorrotto giouane & gentile,
Simile al mio Razzallo Serafino,
Ogni incanto di Circe hauendo à vile,
Cerca sol fama, & sol l'amor diuino,
Et prima, che mutar natura o stile,
Ch'el faccin trauiar dal ver cammino,
Vuol esser con variate penne & belle
L'Augel, che fora à ogni albero la pelle.

m 5

Canenta moglie di Pico mutata in Vento. 174

Notte & di cerca la fidata moglie
Col lume in man l'amato suo consorte,
E'n vece di cantar dal petto scioglie
Sospir, da far pietà sino alla morte.
Al fin tanto dolor nel cuore accoglie,
Poi ch'ei non vien chi di lui nuoua apporte,
Che doue il Tebro in sen l'onde sue volue,
In fresca Aura Canenta si risolue.

Compagni di Diomede mutati in Vccelli marini. 175

Chi non sà quel, che importa vsar con Dio
Dispregio, hor qui da Diomede impare,
Che narra de i compagni il caso rio,
Occorso già nel tempestoso mare.
Il nume dispregiar benigno & pio
Costor di quella Dea, che ci fa amare,
Perche ella tosto mutò questi & quelli
Simili al Cygno in altretanti augelli.

Pastore mutato in Vliuastro. 176

Mai non deurebbe l'ignorante il dotto
Biasmar, ne Donna brutta vn'altra bella,
Non il modesto l'insolente & ghiotto,
Ne Donna casta vna al suo honor ribella.
Sentir le Nynfe, alle fresche ombre sotto
Ballando, vn che di lor ride & fauella,
Onde il villan restò nel campo asciutto
L'Vliuo amar senza alcun fiore o frutto.

Naui d'Enea mutate in Nynfe. 177

Cybele, ch'abbruciar le naui scorge
D'Enea, & Turno ir di tal fatto altiero,
Dal Ciel sowra al suo carro irata sorge,
Et in pioggia conuerte vn nembo nero.
Così rimedio all'Ideo Pin suo porge,
Et di Turno interrompe il rio pensiero,
Ne contenta ch'il Ciel le fiamme laui,
In Nynfe muta le Troiane naui.

Enea Deificato, & Turno mutato in Vccello. 178

Dopo molte molestie & lunghi affanni,
In meglio al fin mutar si vede il Cielo.
Di ciò fan fede i già passati danni,
E 'n ciel d'Enea riposto il mortal velo.
Nome mutò, non solo habito & panni,
Detto Indigete, ne cangiò piu pelo,
Poi ch'vnto & netto l'hebbe Cyterea,
Et Turno fatto augel chiamato Ardea.

Pomona & Vertunno. 179

Fuggite Donne i bei giardini, e i fiori,
Doue Amor all'honor fraude apparecchia.
Bene esser de suoi lacci uscita fuori
Pomona spera, & sol si liscia & specchia.
Vertunno ch'hora fai, che piu dimori,
Gli dice Amore! & quel forma di vecchia
Prende, entra, tenta, & cosi ben si lagna;
Che giouan fatto l'amor suo guadagna.

Anassareta mutata in pietra. 180

Ifi giouan leggiadro amando priega
Anassareta ch'il suo amor gli doni.
L'ingrata l'amor suo non sol gli niega,
Ma vuol che mille ingiurie le perdoni.
Egli al collo vn capestro al fin si lega,
Poi ch'ei non troua altri rimedij buoni,
Onde la Donna (in van pentita & mesta)
Come dura fu in vita, vn sasso resta.

DECIMOQVARTO. 193

Romolo fatto immortale. 181

Poi che surger felice & farsi etterna
Roma vede dal Cielo il Quinto nume,
Priega Gioue, ch'anchor l'huomo discerna,
Che tal l'hà fatta, dal mortal costume.
Consente al priego la bontà superna,
Et vuol che Marte con più chiaro lume
Faccia che resti il figlio à lui vicino
Romolo in Cielo, in Roma Dio Quirino.

n

Hersilia moglie di Romolo deificata.

Dolente piange il ben rapito sposo
Tra le Sabine Hersilia sola eletta.
Alla moglie di Gioue è troppo odioso
Di costei il duol, che di morir s'affretta.
Onde Iri sua fedel per dar riposo
Ad Hersilia, dal Ciel spedisce in fretta,
Che sù l'Arco, che il Sol chiuso incolora,
In Ciel la mena, oue chiamata è l'Ora.

Hipolito morto & risuscitato. 183

L'impudica matrigna, à molte essempio
Simili à lei, fugge il figliuol verace,
Et ciò ch'esser deuea debito scempio
Di lei, lui quasi rende contumace.
Cade del carro, & muor: ma il suo fato empio
Ad Esculapio, & à Diana spiace,
Si che, poi ch'amendue gl'han porto aita,
Lo chiaman Virbio, od huom di doppia vita.

Cippo rifiuta lo Imperio di Roma. 184

Vettorioso alla sua patria torna
Cippo, & già presso alle Romane mura,
Si troua in capo inusitate corna,
Che dinotan d'Imperio alta ventura.
Chiama de i Senator la schiera adorna,
Et monstra non hauer di regno cura.
Però gli diè la Senatoria Corte
Casa, Corna, & Terren fuor delle porte.

Imagine & tempio d'Esculapio. 185

Il Senato Roman, che tosto brama
Dell' alma sua Città la peste torre,
In suo soccorso il biondo Apollo chiama,
Et all' oracol suo diuoto corre.
Risponde quel, che il figlio honora & ama,
Ch' Esculapio il farà, s'à lui ricorre,
Di cui il serpe, e'l baston daranno inditio,
Et vicino à Raugia il sagro hospitio.

n 3

Esculapio mutato in Serpente & portato à Roma. 186

Manda il Senato, per vscir di pianti,
A fare à i Raugei la gran richiesta.
Negato è il Dio con fieri & rei sembianti,
Come cosa nel ver non troppo honesta.
Ma quel, che vuol leuarsi à quei dinanti,
Salta del Tempio con viperea testa.
Et benche di pregarlo ogn' vn si ingegni,
Va dritto à ritrouar di Roma i legni.

Giulio Cesare transformato in vna Cometa. 187

Giunto Musa à quel fin, doue io credea,
Tal'hora fu, venir con maggior tempo,
Doler mi vò dell'amorosa Dea,
Che per Cesar saluar non giunse à tempo,
Come già saluò Paride & Enea
Per mezzo vn fosco & nebuloso tempo,
Pur mi rallegro che quel spirto augusto
Stella appari, qual poi scolpilla Augusto.

n 4

L'AVTORE SVLLA MEDAGLIA BATTVTA IN HONORE DI CESARE DA AVGVSTO.

Cesare.   Stella crinita.   Augusto.

Cesare inuitto, & tu felice Augusto,
L'vn' & l'altro immortal nel mondo nato,
Per mostrare il cammin lodato & giusto
A chi lo scettro in man fortuna hà dato,
Perche non consentì 'l mio fato ingiusto
Ch' io fossi al tempo d' vn di voi due nato?
O voi, conformi al nobil mio desio,
Indugiasse à venire al tempo mio?

La Fine del Metamorfoseo abbreuiato.

IL TESTO D'OVIDIO.

LIBRO PRIMO.

La creatione & confusione del Mondo. 1

Ante mare & terras, & quod tetigit omnia, cœlum.
Nulli sua forma manebat.
Hanc Deus, & melior litem natura diremit.

Ordinatione del Mondo, con la creatione dell'huomo & de gli altri animali. 2

Et pressa est grauitate sui. circunfluus humor.
Summaq́ locum sibi legit in arce.
Finxit in effigiem moderantum cuncta deorum.

L'età dell' Oro. 3

Os homini sublime dedit, cœlumq́ videre.
Mollia secura peragebant otia gentes.
Mox etiam fruges tellus inarata ferebat.
Per se dabat omnia tellus.

L'età dell' Ariento. 4

Ingentes animo dignas Ioue concipit iras.

L'età del Rame & del Ferro. 5

—Et ad horrida promptior arma.
—Et amor sceleratus habendi.
—Fugere pudor, verumq́, fidesq́.

Guerra de Giganti contro à Gioue. 6

Affectasse ferunt regnum cœleste Gigantes,
Altaq́, congestos struxisse ad sydera montes.

Gioue si consiglia per venire in terra. 7

Cuncta prius tentanda.
Consilium rem præcurrat.
Perdendum est mortale genus.

Licaone mutato in Lupo. 8

Et Deus humana lustro sub imagine terras.
—Ego vindice flamma.
In dominum dignos euerti tecta penates.

Diluuio. 9

—Minor fuit ipsa infamia vero.
—Dicta Iouis pars Voce probant.
Omnia pontus erat.

Deucalione & Pyrra. 10

Hic vbi Deucalion (nam cætera texerat æquor)
Cum consorte tori.
Innocuos ambos, cultores numinis ambos.

Ristauratione dell'humana generatione. 11

Et velate caput, cunctasq́, resoluite vestes.

ossa

Oſſaq́; poſt tergum magnæ iactate parentis.
Inde genus durum ſumus.

Serpente vcciſo da Febo. 12

Et ab his oriuntur cuncta duobus.
Partim noua monſtra creauit.
Hunc Deus arcitenens, &.
Néue operis famam, &c.

Amor di Febo & di Dafne. 13

Quidq́; tibi laſciue puer cum fortibus armis?
Deq́; ſagittifera prompſit duo tela pharetra.
Hoc Deus in Nympha, &c.
Protinus alter amat, fugit altera nomen amantis.

Dafne mutata in Alloro. 14

Nympha precor Peneia mane.
ſiluarum latebris.
Citaq́;   Victa labore fugæ.
Fer pater, inquit, opem.
In frondem crines.

Gioue innamorato d'Io. 15

Viderat à patrio redeuntem Iuppiter illam.
Pete, dixerat vmbras.
Cùm Deus inducta latas caligine terras.
Rapuitq́; pudorem.

Io mutata in Vacca. 16

Atq́; ſuus coniux vbi ſit, circunſpicit.
Et noctis faciem nebulas feciſſe volucres.
Delapſaq́; ab æthere ſummo.

Coniugis aduentum præsenserat.
Inq́; nitentem
Inachidos vultus mutauerat ille iuuencam.

Mercurio addormenta Argo. 17

Quanquam inuita probat.
Petit hanc Saturnia munus.
Donec Aristoridæ seruandum tradidit Argo.
Nec superum rector,
Natumq́; vocat, quem lucida partu,   Pleias enixa est.
Et structis cantat auenis.

Syringa mutata in canna. 18

Redeuntem colle Lycæo
Pan videt hanc.
Panaq́; cùm prensam sibi iam Syringa putaret,
Corpore pro nymphæ calamos tenuisse palustres.

Argo vcciso da Mercurio. 19

Vidit Cyllenius omnes
Succubuisse oculos.
Falcato nutantem vulnerat ense.
Qua collo est confine caput.
Excipit hos, volucrisq́; suæ Saturnia pennis
Collocat, & gemmis caudam stellantibus implet.

LIBRO II.

Fetonte va à trouare & à pregare il Sole. 20

Et es tumidus genitoris imagine falsi.
Patriosq́; adit impiger ortus.

Pigno

Pignora da genitor, per qua tua uera propago
Credar.—

Fetonte guida il carro del Sole. 21

—Promißus testis adesto
Dijs iuranda palus oculis incognita nostris.
—Currus petit ille paternos.
—Non est tua tuta voluntas.
Ne dubita dabitur.—

Fetonte fulminato da Gioue. 22

—Solitaq́; iugum grauitate carebat.
Quod simul ac sensere, ruunt, tritumq́; relinquunt
Quadrijugi spatium.—
Intonat, & dextra libratum fulmen ab aure
Misit in aurigam.—
Excipit Eridanus.—

Heliadi sorelle di Fetonte mutate in alberi, de quai nascono l'ambre. 23

Corpora dant tumulo.—
Illa dolet fieri longos sua brachia ramos.
Inde fluunt lacrymæ, stillataq́; sole rigescunt
De ramis electra nouis.—

Cygno mutato nell'vccello del suo nome. 24

Affuit huic monstro proles Stheneleia Cycnus.
—Ille relicto
(Nam Ligurum populos & magnas rexerat vrbes)
Imperio, ripas virides.—

—Ignemq́;

―Ignemq́ perosus,
Quæ colat, elegit contraria flumina flammis.

Apollo sdegnato non vuole piu guidare il Carro. 25

Squallidus interea genitor Phaëthontis.―
Officiumq́ negat mundo.―
―Circunstant omnia solem Numina.―
―Stimuloq́ dolens & verbere sauit.

Calisto ingannata da Gioue. 26

Miles erat Phœbes.―
Iuppiter vt vidit fessam.―
Protinus induitur faciem cultumq́ Dianæ.
―Narrare parantem
Impedit amplexu, nec se sine crimine prodit.

Calisto battuta da Giunone & mutata in Orsa. 27

―Clamata refugit.
―Et aduersa prensis à fronte capillis.
Strauit humi pronam.―
Mens antiqua tamen, facta quoq́ mansit in vrsa.

Calisto & il figliuolo diuentati due Stelle. 28

Dumq́ feras sequitur, dum saltus eligit aptos,
Incidit in matrem.―
Vulnifico fuerat fixurus pectora telo.
Imposuit cœlo, vicinaq́ sidera fecit.

Fanc

Fanciullo nel paniere co i piedi di Dragone. 29

Pallas Erichthonium prolem sine matre creatam
Clauserat Actao testa de vimine cista.
Seruandum dederat, sua ne secreta viderent.
Infantemq́; vident, apporrectumq́; draconem.

Coroni mutata in Cornacchia. 30

―Nam cùm per littora lentis
Passibus, vt soleo.―
Vidit, & incaluit pelagi Deus.―
Vim parat, & sequitur.―
―Mota est pro virgine virgo.
Brachia cœperunt leuibus nigrescere pennis.

Nittimene mutata in Ciuetta. 31

―Res est notissima Lesbon.
―Patrium temerasse cubile
Nyctimenen? auis illa quidem, sed conscia culpæ
Conspectum lucemq́; fugit, tenebrisq́; pudorem
Celat.―

Coroni vccisa da Apollo, & il Corbo bianco mutato in nero. 32

Cum iuuene Æmonio vidisse Coronida narrat.
Indeuitato traiecit pectora telo.
Pœnitet heu serò pœna crudelis amantem.
―Nec non arcumq́; manumq́;
Odit.―
Inter aues albas vetuit consistere coruum.

Ocyr

Ocyroe indouina mutata in Caualla. 33

Filia Centauri.—
Aspicit infantem.—
—Animas tibi reddere ademptas
Fas erit.—
Tu quoq; chare pater.—
—In equam cognataq; pectora vertor.

Batto mutato in Maſſo. 34

—Elim, Meſſeniaq; arua colebas.
—Dum te tua fistula mulcet.
—Et arte sua syluis occultat abactas.
Senserat hoc furtum nemo, nisi natus in illo
Rure senex, Battum, &c.—
—Et me mihi perfide prodis?
—Periuraq; pectora vertit
In durum silicem.—

Mercurio innamorato d'Herse. 35

—Grataomq; Minerua   Despiciebat humum.—
—Motis auidus circunuolat alis.
Illa forte die casta de more puella.
Tanto virginibus præstantior omnibus Herse
Ibat.—
—Faueas oramus amanti.

Minerua va à trouare l'Inuidia. 36

Vertit ad hanc torui Dea bellica luminis orbes.
Protinus Inuidiæ nigro squallentia tabo
Tecta petit.—
—Pallor in ore sedet, Macies in corpore toto.

Infice tabe tua natarum Cecropis ynam.
-Aglauros yna est.-

Aglaura mutata in pietra. 37

Deniq, in aduerso venientem lumine sedit
Exclusura Deum-
-Saxum iam colla tenebat.

Gioue mutato in Tauro. 38

-Sceptri grauitate relicta
Ille pater, rectorq, Deum.-
Induitur faciem tauri.-

LIBRO III.

Cadmo sbandito dal padre. 39

Orbe pererrato.-
-Phoebiq, oracula supplex
Consulit, & quæ sit tellus habitanda, requirit.
-Iubet ire ministros,
Et petere è viuis libandas fontibus vndas.
Occupat hos morsu.-

Cadmo vccide il Serpente. 40

Quæ mora sit socijs miratur Agenore natus,
Vestigatq, viros.-
Donec Agenorides coniectum in guttura ferrum.

Cadmo semina i denti. 41

Pallas adest, motæq, iubet supponere terræ
Vipereos dentes.-
-Crescitq, seges clypeata virorum.
-Suoq,

Mar.

Marte cadunt subiti per mutua vulnera fratres.
Quinque superstitibus.-

Ateone in Cerbio da Diana. 42

-Sic illum fata ferebant.
Is fuit in vultu visæ sine veste Dianæ.
Dat sparso capiti vivacis cornua cerui,
Si poteris narrare, licet.

Ateone lacerato da soi Cani. 43

-Fugit Autonoeius heros.
Inde ruunt alij.-
Actæon ego sum.-
Dilacerant falsi, &c.-

Semele mal consigliata da Giunone. 44

-Rogat illa Iouem sine nomine munus.
Qua tamen vsque potest, vires sibi demere tentat,
Est aliud leuius fulmen.-
-Corpus mortale tumultus
Non tulit æthereos.-
Imperfectus adhuc infans genitricis ab aluo
Eripitur, patrioq́; tener-   Insuitur femori.-

Tiresia priuato de gl'occhi. 45

-Et maior vestra profectò est,
Quàm quæ contingit maribus, dixisse, voluptas,
-Venus huic erat vtraq́; nota.
Iudicis æterna damnauit lumina nocte,
-Pro lumine adempta
Scire futura dedit.-

Narc

Narcisso s'innamora di se stesso. 46

Sed fuit in tenera tam dura superbia forma.
-Sequitur vestigia furtim.
-Flammas moneoq̃, feroq̃.
-Croceum pro corpore florem.

Bacco trionfante. 47

Liber adest, festisq̃ fremunt ululatibus agri.
-Irritaturq̃ retenta
Et crescit rabies.-
-Vósne acrior ætas:
O iuuenes, propiorq̃ mea? &c.-
Ite citi, &c.-
-Bacchum vidisse negarunt.

Marinai in Delfini. 48

Naxon, ait Liber, cursus aduertite vestros.
-Naxoq̃ petit diuersa relicta.
-Non hac mihi littora nautæ
Promisistis, ait.-
Exiliere viri, &c.-

Penteo vcciso dalle Baccanti. 49

Præcipitem famuli rapite hunc.-
-Prima est insano concita cursu
Mater.-
Auulsumq̃ caput digitis, &c.-

LIBRO IIII.
Tysbe spauentata fugge. 50

-Statuunt vt nocte silenti

Fallere custodes.-
Callida per tenebras versato cardine Thysbe
Egreditur,&c.-
Audacem faciebat amor.-
Dumq́, fugit, tergo velamina lapsa relinquit.

Morte di Pyramo & Tysbe. 51

-Vt vero vestem quoque sanguine tinctam
Repperit.-
-Ego te miseranda peremi.
-Demisit in ilia ferrum.
Illa redit.-
-Et aptato pectus mucrone, &c.-
-Vna requiescit in vrna.

Adulterio di Venere & di Marte. 52

-Videt hic Deus omnia primus.
Furta tori, furtiq́, locum monstrauit.-
-Extemplo graciles ex aere catenas.
-Nec summo qua pendet Aranea tigno.
-Illi iacuere ligati.
-Superi risere, diuq́,.

Leucotoe & Clytia. 53

-Tectos qui læsit amores,
Lædit amore pari.-
Versus in Eurynomes faciem genitricis.-
-Famulæ discedite.-
Victa nitore Dei.-
Inuidit Clytie.-
Turea surrexit.-
Flos tegit,&c.-

Salm

Salmace diuenuta Hermafrodito. 54.

Naiades Idæis enutriuere sub antris.
In liquidis translucet aquis.-
Pugnantemq́ tenet.-
-Ita Dij iubeatis, & istum
Nulla dies à me.-
Vota suos habuere Deos.-
Semimarem fecisse videt.-

Le figliuole di Mineo in Pipistrelli. 55

-Spernitq́ Deum, festumq́ prophanat.
-Et rutilis collucere ignibus ædes.
-Lucemq́ perosæ
Nocte volant, seroq́ tenent à vespere nomen.

Giunone à Atamante. 56

-Athamanta superbum
Regia diues habet, qui me cum coniuge semper
Spreuit.-
Sustinet ire illuc cœlesti sede relicta.
-Illa sorores
Nocte vocat genitas, graue & implacabile numen.
-Sic hæc Iunone locuta
Tisiphone canos.-

Atamante infuriato. 57

Nec mora Tisiphone.-
Inde duos medijs abrupit crinibus angues,
Pestiferaq́ manu raptos immisit.-
Pectus in amborum, præcordiaq́ intima mouit.

Atamante infuriato.   58

—Aeolides media furibundus in aula.
Hic modò cum gemina visa est mihi prole leæna.
—Rigidoq́ infantia saxo
Discutit ora ferox.—
Leucotheaq́ Deum cum matre Palæmona dixit.

Cadmo in Serpente con la moglie.   59

Ipse precor serpens in longam porrigar aluum.
Dixit, & vt serpens in longam tenditur aluum.
Et subitò ●o sunt, iunctoq́ volumine serpunt.

Atalante in vn Monte.   60

Vimq́ minis addit, manibusq́ expellere tentat
Cunctantem.—
—Memor ille vetusta
Portis erat.—
Quod caput antè fuit, summo est in monte cacumen.

Perseo libera Andromeda.   61

Illic immeritam maternæ pendere linguæ
Vidit Abantiades.—
—O dixit non istis digna catenis.
Ter quater exegit repetita per ilia ferrum.

Perseo, Medusa & Pegaso.   62

Dumq́ grauis somnus colubrosq́, ipsamq́ tenebat,
Eripuisse caput collo, pennisq́ fugacem
Pegason, & fontem matris de sanguine natos.

LIBRO

LIBRO V.

Nozze di Perseo disturbate. 63

Tedas Hymenæus, amorq́;
Præcipiunt.-
Primus in his Phineus.-
Tum verò indomitas ardescit vulgus in iras.

Fineo in pietra. 64

Verùm vbi virtutem turba succumbere vidit,
Auxilium Perseus.-
Tunc quoque conanti.-
-Bis centum riguerunt corpora visa.

Polidette in sasso. 65

-Sed inexorabile durus,
Exerces odium.-
-Fictamq́; Medusæ
Arguis esse necem.-
-Dabimus tibi pignora veri.
Ore Medusæo silicem sine sanguine fecit.

Minerua & le Muse. 66

Fama noui fontis nostras peruenit ad aures.
Is mihi caussa viæ.-
- Et Pegasus huius origo est.
-Quam sic affata est vna sororum.

Pyreneo & le Muse. 67

Templa petebamus Parnassia, vidit euntes,
Nostraq́; fallaci veneratus numina vultu.

o 4 -Tecta

-*Tecto graue sydus & imbres.*
-*Sumptis effugimus alis.*
Tundit humum moriens.-

Figliuolè di Pierio in Gazzere. 68

Pierus has genuit.-
Thespiades certate Deæ: nec voce nec arte
Vincemur.-
-*Falsoq́ in honore gigantes*
Ponit.-
-*Operiri brachia plumis.*
Institerant ramis imitantes omnia picæ.

Venere, Cupido & Plutone. 69

Vasta gigantæis iniecta est insula membris
Trinacris.-
-*Tenebrosa sede tyrannus*
Exierat.-
Ambibat Siculæ cautus.-
-*Cape tela Cupido.*
Pallada nónne vides, iaculatricemq́ Dianam?

Plutone rapisce Proserpina. 70

Raptor agit currus.-
-*Roganda,*
Non rapienda fuit.-
-*Et in partes diuersas brachia tendens   Obstitit.-*
-*Haud vltra tenuit Saturnius iram.*
Pectoraq́ in tenues abeunt euanida riuos.

Fane

Fanciullo in Tarantola. 71

Omnibus est terris, omni quæsita profundo.
Flammiferas pinus.—
Fessa labore sitim conceperat.—
Dum bibit illa datum, duri puer oris, & audax.
Offensa est: loquentem
Cum liquido mista perfudit diua polenta.
Nomen habet varijs stellatus corpora guttis.

Ascalafo in Gufo. 72

Quoniam ieiunia virgo.
Et cultis dum simplex errat in hortis,
Puniceum curua decerpserat arbore pomum.
Ascalaphus vidit.—
Et indicio reditum crudelis ademit.
Ingemuit regina Erebi.—
Fecit auem.—
Ignauus Bubo.—

Serene con l'alie. 73

In comitum numero mista Sirenes eratis.
Quam postquam toto frustra.—
Posse super fluctus alarum insistere remis
Optastis.—
Et artus
Vidistis vestros subitis flauescere pennis.

Aretusa in fonte. 74

Sic vt eram, fugio sine vestibus.—
Quo properas Arethusa?—
Sed tolerare diu cursus.—
Fer opem.—

o 5 Armig

Armigera Diana tua.
Lustrat caligine tectam
Amnis.
In latices mutor.

Tritolemo & Lynco. 75

Atq́, leuem currum Tritonida misit in Vrbem
Triptolemo.
Partimq́, rudi data semina iussit
Spargere humo.
Rex vbi Lyncus erat.
Barbarus inuidit.
Somnoq́, grauatum
Aggreditur ferro.
Lynca Ceres fecit.

LIBRO VI.
Aracne in Ragnatelo. 76

Consilium ne sperne meum.
Aspicit hanc toruis.
Consistunt diuersis partibus amba.
Iouis est regalis imago.
Scopulum mauortis in arce.
Maonis elusam designat.
Pende tamen improba.
Et antiquas exercet aranea telas.

Niobe saettata con i figliuoli. 77

Quis furor auditos, inquit, præponere visis
Cœlestes.
En ego vestra parens.

Exani

Contadini in Ranocchi. 78

Exanimes inter natos.—
—Intra quoq̃ viscera saxum est.
—Sitim collegerat æstu.
—Vt hauriret gelidos potura liquores.
—Illuc limum saltu mouere maligno.
Rustica turba vetat.—
—Tollensq̃ ad sydera palmas.
Limosoq̃ nouæ saliunt in gurgite ranæ.

Marsia scorticato da Apollo. 79

—Quid me mihi detrahis? inquit.
Clamanti cutis est summos direpta per artus.

Tereo sforza la cognata. 80

—Vel me visendam mitte sorori,
Vel soror huc veniat.—
Æstuat & repetens faciem.—
In stabula alta trahit.—
—Et virginem & vnam
Vi superat.—
—Comprensam forcipe linguam
Abstulit ense ferox.—

Progne, Filomena, & Tereo. 81

Purpureasq̃ notas filis intexuit albis.
Fortunaq̃ suæ carmen.—
Germanamq̃ rapit.—
—Non est lacrymis hoc, inquit, agendum.
—Ityosq̃ caput Philomela cruentum
Misit in ora patris.—

Nunc

Nunc sequitur nudo genitas Pandione ferro.
Pendebant pennis:-
Nomen Epops volucri:_

Borea rapisce Oritya. 82

Ast vbi blanditys agitur nihil, horridus ira.
Orithyian amans fuluis complectitur alis.
Et genitrix facta est, partus enixa gemellos.
_Calaisq̃ puer, Zethesq̃ fuerunt.

LIBRO VII.

Giasone & Medea. 83

_Per sacra triformis
Ille Deæ.—
Promisitq̃ torum._
-Et auxilium summissa voce rogauit.
-Seruabere munere nostro.

Giasone addormenta il serpente. 84

-Custos erat arboris aureæ.
Mirantur Colchi.-
Somnus in ignotos oculos vbi venit.-
Verbaq̃ ter dixit.-
Hunc postquam sparsit.-

Incanti & disegni di Medea. 85

-Quid enim non carmina possunt?
Arte mea soceri longum tentabimus æuum.
Nuda pedem, nudis humeris.-

Medea fa ringiouanire Esone. 86

Interea calido positum medicamen aheno

Feruet

Feruet.-
Exanimi similem stratis porrexit in herbis.
-Veteremq́; exire cruorem
Passa, replet succis.-
Vmbrarumq́; regem.-
Terq́; senem flamma, ter aqua, ter sulphure lustrat.

Medea & Pelia. 87

Viderat ex alto.-
-Agnus medicamine fiet.
Cæcaq́; dant sæuis.-
-Cùm verbis guttura Colchis
Abstulit, & calidis laniatum mersit in vndis.

Hiria in lago. 88

-Nam Phyllius illic
Imperio pueri.-
Præmia poscenti taurum suprema negauit.-
-Ille indignatus & alto
Desiluit saxo.-
Factus olor.-
-Stagnumq́; suo de nomine fecit.

Medea si vendica di Giasone. 89

Sed postquàm Colchis arsit noua nupta.-
Flagrantemq́; domum regis male vidit, vtroq́;
Sanguine natorum perfunditur.-
Hinc Titaniacis ablata draconibus, intrat
Palladias arces.-

Hercole & Cerbero. 90

-Specus est tenebroso cæcus hiatu,
Est via decliuis, per quam Tirynthius heros.

-Nexis

_Nexis adamante catenis
Cerberon attraxit._
Et sparsit virides spumis._
Agrestes aconita vocant._

Eaco & Cefalo. 91

-Et partus intrat amicos.
-Cephalus peragit mandata.-
Ne petite auxilium, sed sumite.-
-Et omnis eat rerum status iste mearum.

Peste in Egina. 92

-Et ignauos inclusit nubibus æstus.
Dira lues populis ira Iunonis iniquæ.

Formiche in huomini. 93

Omnia languor habet, syluis, agrisq́, vijsq́
Corpora fœda iacent.-
Vt vitam odissem.-
Iuppiter ò dixi.-
Mirmidonasq́ voco, nec origine nomina fraudo.

L'Aurora innamorata di Cefalo. 94

-Pulsis Aurora tenebris,
Inuitumq́ rapit.-
-Procris mihi semper in ore.
Procrin habe, dixit.-
Non habuisse voles.-

Cefalo geloso della moglie. 95

Esse metus cœpit.-
Muneraq́ augendo, tandem dubitare coëgi.
Exclamo, mala pectora detego, fictus adulter.

-Cum

Cum coniuge limina fugit.
Montibus errabat.
Vlta pudorem   Redditur.
Dat capem munus.
Dat simul & iaculum.

Cefalo vccide la moglie. 96

Metuit sine corpore nomen.
Et nisi viderit ipsa.
Fronde leuem rursus strepitum faciente caduca,
Sum ratus esse feram, telumq́; volatile misi.
Amensq́; cucurri.

LIBRO VIII.

Scylla innamorata di Minos. 97

Et pendebat adhuc belli fortuna.
Regia turris erat.
Sępe illuc solita est ascendere filia Nisi.
Laudabat virgo iunctam cum viribus artem.
Et stat sententia tradere mecum.

Scylla taglia la testa al padre. 98

Cui splendidus ostro
Crinis inhærebat magni fiducia regni.
Pectora somnus habet, thalamos taciturna paternos.
Fatali nata parentem   Crine suum spoliat.

Niso & Scylla in vccelli. 99

Dij te summoueant ò nostri infamia secli.
Nam quò deserta reuertar?
Consequitur rates.

Quam

Quam pater vt vidit.-
Ibat, vt hærentem rostro laceraret adunco.
Pluma fuit.-

Teseo vince il Minotauro. 100

Ianua difficilis filo est inuenta relicto.
Protinus Aegides rapta Minoide Diam
Vela dedit, comitemq́; suam crudelis in illo
Littore destituit.-

Dedalo con l'alie. 101

Dædalus interea Creten, longumq́; perosus
Exilium.-
Clausus erat pelago.-
-At cœlum certè patet.-
Instruit & natum.-
Inter vtrunq; vola.-
Altius egit iter.-
-Et tellus à nomine dicta sepulti est.

Talo mutato in Pernice. 102

Dædalus inuidit.-
-Et serræ repperit vsum.
-Et ex vno duo ferrea brachia nodo   Iunxit.
-Sacraq́; ex arce Mineruæ
Præcipitem dedit.-
-Excepit Pallas, auemq́;   Fecit.-

Meleagro & Atalanta. 103

-Dentes æquantur dentibus Indis.
Et setæ densis similes.-
Quò postquàm venere viri.-

Et

Et exiguo rubefecit sanguine setas.
Splendidáq́ aduersos venabula condit in armos.

Meleagro dona la testa del Cigniale ad Atalanta. 104

-Sume mei spolium Nonacria iuris,
Et in partem veniat mea gloria tecum.
Et magnis insignia dentibus ora.

Meleagro per inuidia è fatto morire dalla madre Altea. 105

Inuidere alij._
Et huic adimunt munus.
Non tulit, & tumida frendens Mauortius ira.
Cùm videt extinctos fratres._
Stipes erat.—
- Rogus iste cremet mea viscera, dixit.

Naiade in Isole. 106

Immemores nostri festas duxere choreas.
Intumui, quantúsq́ feror._
Quinq́ iacent terra.—
In totidem, medijs, quot cernis Echinadas, vndis.

Perimele in Isola. 107

Huic ego virgineum dilectæ nomen ademi.
Quod pater Hippodamas ægré tulit, ínq́ profundum
Protulit è scopulo._
Excepi, nantémq́ ferens.—
Et grauis increuit mutatis insula membris.

p   Gioue,

Gioue, Filemone & Bauci. 108

–Super omnia vultus
Accessere boni, nec iners, pauperq́ voluntas.
–Et iam casa parua duobus
Vertitur in templum.–
–Adopertaq́ marmore tellus.
–Simul abdita texit
Ora frutex.–

Superbia d'Erisittone. 109

–Qui numina Diuûm sperneret.–
–Cereale nemus violasse securi.
–Fluxit discusso cortice sanguis.
–Repetitaq́ robora cædit.

Cerere manda vna Nynfa à casa della Fame. 110

Omnes germanæ Cererem.–
–Pœnamq́ Erisichthonis orant.
–Accipe currus, Accipe quos frenis.–
–Et raris vellentem dentibus herbas.
–Caua lumina, pallor in ore.
Auxerat articulos macies.–
–Refert mandata Deæ.–

Fame va à trouare Erisittone. 111

(Noctis enim tempus) geminis amplectitur vlnis.
–Faucesq́, & pectus, & ora Afflat.–
Vt verò est expulsa quies, furit ardor edendi.
Plusq́ cupit, quò plura suam demittit in aluum.

Erisit

Erisittone affamato. 112

Iamq́; fame patrias, altíq́; voragine ventris
Attenuarat opes.
Filia restabat non illo digna parente:
Hanc quoq; vendit inops.
Ipse suos artus lacero diuellere morsu
Cœpit.

LIBRO IX.

Hercole & Acheloo. 113

Accipe me generum, dixi.
Dixit & Alcides.
Brachiáq́; opposui,
Et pugnæ membra paraui.
Longum formatus in anguem.
Tauro mutatus membra rebello.
Truncáq́; à fronte reuellit.
Diuesq́; meo bona copia cornu est.

Hercole ammazza Nesso. 114

Officióq́; mea ripa sisletur in illa.
Nessóq́; paranti
Fallere depositum.
Quò te fiducia, clamat.
Et missa fugientia terga sagitta   Trajicit.

Hercole & Nesso. 115

Dat munus rapta velut irritamen amoris.
Quæ vires defecto reddat amori.
Amphitryoniaden Ioles ardore teneri.

Et terq́, quaterq́, rotatum　Mittit.
Cacaq́, medullis　Tabe liquefactis.

Hercole deificato. 116

Nec nisi materna Vulcanum parte potentem
Sentiet.
Aeternum est à me quod traxit, & expers,
Atq́, immune necis.
Idq́, ego defunctum terra, cœlestibus oris
Accipiam.
Radiantibus intulit astris.

Lucina corrotta nel parto d'Almena. 117

Namq́, laboriferi cùm iam natalis adesset
Herculis.
Illa quidem venit, sed præcorrupta.
Dextroq́, est poplite læuum
Pressa genu, digitisq́, inter se pectine iunctis
Sustinuit partus.
Vna ministrarum.
Numine decepto risisse.
Ore parit.

Loto & Driope Nynfe mutate in Alberi de i loro nomi. 118

Lotos in hanc Nymphe, fugiens obscœna Priapi,
Contulerat versos seruato nomine vultus.
Venerat huc Dryope.
Carpserat hinc Dryope, quos oblectamina nato
Porrigeret flores.
Et oratis vellet discedere Nymphis,
Hæserunt radice pedes.

Biblide

Biblide mutata in Fonte. 119

Non soror vt fratrem, nec qua debebat, amauit.
Et scripsi, & petij.—
Et humectat lacrymarum gramina riuo.
Vertitur in fontem.—

Teletusa inganna il marito. 120

Edita fortè tuo fuerit si fœmina partu,   Necetur.
Iussit ali mater puerum mentita.—

Figliuola di Lyddo in maschio. 121

Cùm pater Iphi tibi flauam despondet Ianthem.
—Et passis aram complexa capillis.
Nec dubita, cùm te partu Lucina leuarit.
Fœmina nuper eras, puer es.—

LIBRO X.

Orfeo racquista Euridice. 122

—In talum serpentis dente recepto.
Defleuit vates.—
—Reuocataq́, rursus eodem est.
Hanc simul, & legem.—

Eccellenza d'Orfeo. 123

—Et protinus illa relapsa est.
Flexit amans oculos.—
Cura, dolorq́, animi, lacrymæq́, alimenta fuere.

Cyparisso in Cypresso. 124

—Puer antè Deo dilectus ab illo.

Cornua fulgebant auro.
-Gemmata monilia collo.
Hunc puer imprudens iaculo Cypariſſus acuto
Fixit.-
Velle mori ſtatuit.-
-Lugebere nobis, Lugebisq́; alios.-

Gioue rapiſce Ganimede. 125

Rex ſuperûm.-
-Qui nunc quoq́; pocula miſcet.
-Percuſſo mendacibus aëre pennis
Arripit Iliadem.-

Iacinto ammazzato diſauedutamente da Febo, & mutato in vn fiore. 126

-Latiq́; ineunt certamina diſci.
Quem prius aërias libratum Phœbus in auras
Miſit.-
Dura repercuſſum ſubiecit in aëra tellus
In vultus Hyacinthe tuos.-
-Et Ai Flos habet inſcriptum.-

Ceraſte in Tori. 127

-Stabat Iouis hoſpitis ara.
Hoſpes erat cæſus ſacris offenſa nefandis
-Arua parabat
Deſerere alma Venus.-
-Quid vrbes Peccauere meæ?-
Excidio pœnam potius gens impia pendat.
-In toruo transmutat membra iuuencos.
-Venerem Propœtides auſa.

-Paruo

─Paruo silicem discrimine versa.

Statua di Pimmalione. 128

─Offensus vitijs, quæ plurima menti
Fœminea natura dedit, sine coniuge cœlebs.
Interea niueum mira fœliciter arte
Sculpsit ebur.─
─Operisq́ sui concepit amorem.
Sit coniux opto.─
Vota quid illa velint.─

Myrra si vuole impiccare innamorata di suo padre. 129

Illa quidem sentit, fœdóq́ repugnat amori.
Fœlices, quibus ista licent.─
Spes interdicta discedite.─
Sic animus vario.─
─Et aptabat pallenti vincula collo.

Myrra per mezzo della sua Balia vsa di notte con suo padre. 130

─Ereptáq́ collo Vincula dilaniat.─
Nacta grauem vino Cinyram malè sedula nutrix.
Accipit obscœno genitor sua viscera lecto.
─Illato lumine vidit Et scelus, & natam.─
─Vagina diripit ensem. Myrrha fugit.─

Myrra in Arbore. 131

─Latosq́ vagata per agros.
─In magnos brachia ramos,
In paruos digiti, duratur cortice pellis.
Arbor agit rimas, & fisso cortice, viuum
Reddit onus, vagitq́ puer.─

p 4 Venere

Venere innamorata d'Adone. 132

Laudaret faciem liuor.—
—Non alto repetit Paphon.—
Capta viri forma.—
—Cœlo præfertur Adonis.
Néve feras, quibus arma dedit natura, lacesse.

Hippomene & Atalanta. 133

—Per opacas innuba sylvas
Viuit, & instantem turbam violenta procorum
Conditione fugat.—
— Nitidiq́ cupidine pomi
Declinat cursus, aurumq́ volubile tollit.

Hippomene & Atalanta in Lioni. 134

Hippomenen adÿ, docuiq́ quis vsus in illis.
—Nec grates immemor egit.
—Subitam conuertor in iram.
Templa Deûm matri.—
Hunc init, & vetito temerat sacraria probro.
Dente premunt demito Cybeleïa frena leones.

Adone in fiore. 135

—Sed stat monitis contraria virtus.
Forte suem latebris.—
Protinus excußit pando venabula rostro.
—Sub cortice granum   Punica ferre solent.—

LIBRO XI.

Orfeo vccifo dalle Baccanti. 136

—Omnemq́ refugerat Orpheus   Fœmineam venerem.—

Carm

Carmine dum tali syluas, animosq́; ferarum.
_Vatemq́; petunt, & fronde virentes
Coniiciunt thyrsos.—
_In ventos anima exhalata receßit.

La lyra & la lingua d'Orfeo. 137

_Caput Hebre, lyramq́;
Excipis (& mirum) medio dum labitur amne,
Flebile nescio quid queritur lyra, flebile lingua
Murmurat exanimis._
—Peregrinis anguis arenis   Os petit,—
_Et hymniferos inhiat diuellere vultus.
—Phœbus Adest, & in lapidem rictus serpentis apertos
Congelat, & patulos indurat hiatus.

Auaritia del Re Mida. 138

Protinus in syluis matres.—
Amissoq́; dolens vate.—
_Gaudens altore recepto.
_Quicquid Corpore contigero, fuluum vertatur in aurum.
_Peccauimus, inquit.
Rex iussæ succedit aquæ, vis aurea tinxit
Flumen, & humano de corpore cessit in amnem.

Mida con gl'orecchi d'Asino. 139

Pan ibi dum teneris iactat sua carmina Nymphis,
Ausus Apollineos præ se contemnere cantus.
—Arguitur tamen,—
Vnius sermone Midæ.—
Induiturq́; aures lentè gradientis Aselli.

Troia allagata da Nettunno. 140

—Phrygiaq́; tyranno

Aedificat muros, pacto pro mœnibus aurꝰ.
─Pretium rex inficiatur.─
─Et omnes
Inclinauit aquas ad auara littora Troia.

Peleo & Teti. 141

Illic te Peleus.─
─Et quoniam precibus tentata repugnas.
Sed modo tu volucris, volucrem tamen illa tenebat.
─Cùm gelido sopita quiescit in antro,
Ignaram laqueis.─
─Donec sua membra teneri senfit.─
─Ingentiq́; implet Achille.

Mercurio, Chiona, Apollo, & Diana. 142

─Tactu iacet illa potenti,
Vimq́; Dei patitur.─
Spem Veneris differt in tempora noctis Apollo.
Nascitur è Phœbo,─
─Citharaq́; Philammon.
─Dei versuta propago
Nascitur Autolycus, furtum ingeniosus ad omne.
─Faciémq́; deæ culpauit.─
─Cum sanguine vita reliquit.

Lupo fatto di marmo. 143

Cùm se Dædalion saxo misisset ab alto,
Fecit auem.─
─Neq́; enim ieiunia curat
Cæde boum.─
Bellua vasta, lupus.─

Acrior

Acrior est rabie.-
Caruleam Peleus Psamathen.-
Marmore mutauit corpus.-

Naufragio di Ceyce. 144

-Neq̃ enim minor ignis in ipso est.
-Totaq̃ malo
Carbasa deducit, venientesq̃ excipit auras.
-Omniq̃ à parte feroces
Bella gerunt venti.-
Frangitur incursu nimbosi turbinis arbor.
Præcipitata cadit.-

Giunone & Alcyone. 145

Aeolis interea tantorum ignara malorum.
-Iunonis templa colebat.
Vtq̃ foret sospes coniux suus.-
At Dea non vltrà.-
-Iube Ceycis imagine mittat
Somnia ad Alcyonem.-
-Et arquato cœlum curuamine signans.

Descrittione della casa del Sonno. 146

Est prope Cimmerios, longo spelunca recessu,
Mons cauus   penetralia somni,
Quò nunquàm radijs.-
-Papauera florent.
Riuus aquæ Lethes.-
Sollicitiue canes.
Non vigil ales ibi.-
Muta quies habitat.-
-Somnum sensit in artus.
-Mandata peregit.

Morfea

Morfea in forma di Ceyce. 147

Sumptaq́ figura Luridus.
Nullos strepitus facientibus alis.
Coniugis ante torum._
Specieq́ viri turbata, soporem Excutit.
Postquàm paulum appulit vnda.
Iam quod cognoscere posset.
Ambo Alite mutantur.

Esaco mutato in Mergo. 148

Visa fugit Nymphe._
Dente pedem strinxit._
Decidit in pontum._
Nantemq́ per æquora pennis Texit.

LIBRO XII.

Isigenia sagrificata. 149

Flentibus ante aram stetit Iphigenia ministris:
Victa Dea est, nubemq́ oculis obiecit, & inter
Officium, turbamq́ sacri,_
Supposita fertur mutasse Mycenida cerua.

Cygno in vccello. 151

Congreditur Cycno._
Nil tamen emißi profecit acumine ferri.
_Terræq́ affixit Achilles.
Arma relicta videt: corpus Deus æquoris albam
Contulit in volucrem._

Cenea

Cenea in huomo. 152

Aequorei vim passa Dei est.
–Da foemina ne sim.
–Dederatq́; super, ne saucius ullis
vulneribus fieri.–

Nozze di Pyritoo disturbate da i Centauri. 153

–Positis ex ordine mensis.
Raptaturq́; comis per vim noua nupta prehensis,
Eurytus Hippodamen.–
–Et ebrietas.–
–Et primus, quæ te vecordia Theseu
Euryte pulsat, ait?–

LIBRO XIII.

Contrasto tra Vlysse & Aiace. 154

Præmia magna peti, fateor.–
Nempe ego mille meo protexi.–
–Consilioq́; manuq́; Vtiliter feci.–
Consedere duces, & vulgi stante corona.
–Fortisq́; viri tulit arma disertus.

Armi d'Achille fabbricate da Volcano. 155

Scilicet idcirco pro nato cærula mater
Ambitiosa suo fuit, ut coelestia dona
Artis opus tantæ.–
–Neque enim clypei calamina nouit,

Ocean

Oceanum, & terras, cumq́; alto sydera cœlo.
-Clypeus vasti cælatus imagine mundi.

Aiace disperato s'ammazza. 156

Inuictumq́; virum vicit dolor: arripit ensem.
-Tum demum vulnera passum
Quà patuit ferro.-
Purpureum viridi genuit de cespite florem.
Littera communis medijs pueroq́;, viroq́;
Inscripta est folijs, hæc nominis, illa querellæ.

Hecuba presa da i Greci. 157

Ilion ardebat.-
In medijs Hecuba natorum inuenta sepulcris.
Prensantem tumulos, atque ossibus oscula dantem
Dulichiæ traxere manus.-

Polynnestore ammazza Polydoro. 158

Regia diues erat, cui te commisit alendum
Clam Polydore pater.-
Consilium sapiens, sceleris nisi præmia magnas
Adiecisset opes, animi irritamen auari.
-Iuguloq́; sui demisit alumni.

Pulysena sagrificata. 159

Exit humo latè rupta, similisq́; minanti.
-Vtq́; meum non sit sine honore sepulcrum,
Placet Achilleos mactata Polyxena manes.
Ducitur ad tumulum.-
-At populus lacrymas, quas illa tenebat,
Non tenet.-

Hecu

Hecuba troua Polydoro morto. 160

-Crudelia vulnera lymphis　Abluere.-
-Date Troades vrnam,
Dixerat infœlix.-
Aspicit eiectum Polydori in littore corpus.
Et pariter vocem, lacrymasq́; introrsus obortas
Deuorat ipse dolor.-

Hecuba ammazza Polynnestore. 161

Vlcisci statuit, pœnæq́; in imagine tota est.
_Nam se monstrare relictum
Velle latens illi quod nato redderet aurum.
-Prædæq́; assuetus amore.
-Et digitos in perfida lumina condit.
-Rictuq́; ad verba parato
Latrauit conata loqui.-

Mennone conuerso in vccello. 162

Non vacat Aurora.-
-Luctusq́; domesticus angit
Memnonis amissi.-
-Genibus procumbere non est
Dedignata Iouis.-
Memnonis orba mei, venio.-
Da precor huic aliquem solatia mortis honorem.
Atra fauilla volat.-
Insonuit pennis, pariter sonuere sorores.

Enea porta suo padre. 163

Fert humeris venerabile onus Cythereius heros.

Figli.

Figliuole d'Anio in Colombe. 164

-Dedit altera Liber.
-Nam tactu natarum cuncta mearum
In segetem, laticemq́; meri.-
-Populator Atrides.
Abstrahit inuitas gremio genitoris, alantq́;
-Argolicam munere gentem.
Effugiunt,-
Et natis Andros fraterna petita est.
Victa metu pietas- Reddidit.-
-Pennas sumpsere, tuaq́;
Coniugis in volucres niueas abiere columbas.

Polyfemo & Galatea. 165

Nempe ille immitis, & ipsis
Horrendus syluis.-
Vritur, oblitus pecorum.-
Senserunt toti pastoria sibila montes.
Acidis in gremio residens.-

Aci mutato in Fiume. 166

Surgit & vt taurus.-
-Partemq́; è monte reuulsam Mittit.-
Terga fugæ dederat conuersa Simethius heros.
-Totum tamen obruit Acin.
-Tum moles tecta dehiscit.
-Et antiquum tenuerunt flumina nomen.

Glauco innamorato di Scylla. 167

Glaucus adest, visæq́; cupidine virginis ardet.
Et quæcunq́; putat fugientem posse morari,
Verba refert.-

-Irrit

Irritatúsq; repulsa
Prodigiosa petit Titanidos atria Circes.

LIBRO XIIII.

Scylla in monstro marino.   168

En ego cùm Dea sim.
Indignata dea est.
Paruus erat gurges.
Grata quies Scylla.
Hunc Dea prauitiat, portentificúsq; venenis
Inquinat.
Scylla venit.
Cùm sua fœdari latrantibus inguina monstris
Aspicit.
Ora proterua canum.

Candulo & Atlante in Scimie.   169

Quippe Deûm genitor fraudem, & periuria quondam
Cercopum exosus.
In deforme viros animal mutauit.
Dissimiles homini possent, similésq; videri
Steriliq; locatas Colle Pythecusas.

Sibylla Cumana amata da Febo.   170

Ego pulueris hausti
Ostendens cumulum, quot haberet corpora puluis,
Tot mihi natales contingere vana rogaui.
Tremuloq; gradu venit ægra senectus.

Achemenide ricolto da Enea.   171

Desertúmq; olim medijs in rupibus Aetna

q   Noscit

Noscit Achemeniden.
Semianimesq́ artus quidam condebat in aluum.
Hic quoq́ substiterat post tædia longa laborum
Neritius Macareus.
Si minus Æneam veneror.

Compagni d'Vlysse.   172

Hæc vbi nos vidit, dicta, acceptaq́ salute,
—Setis horrescere cœpi.
Coniugy dotem sociorum corpora poscit.

Pico mutato in vn Picchio.   173

Picus in Ausonijs.
Par animus formæ.
—Ille ferox ipsamq́, precesq́ repellit.
—Pennæ traxere colorem.
—Duro ferá robora rostro   Figit.

Canenta in Vento.   174

Discurrunt syluas, atq́ obuia lumina portant.
Nec satis est Nymphæ flere, & lacerare capillos.
—Inq́ leues paulatim euanuit auras.

Compagni di Diomede in vccelli.   175

Talibus iratam Venerem, Pleuronius Agmon
Instimulat verbis.
—Maiores brachia pennas   Accipiunt.
—Sic albis proxima cycnis.

Pastore mutato in Vliuastro.   176

Improbat has pastor, saltuq́ imitatus agresti.
Nec prius obticuit, quàm guttura condidit arbor.

Naui

Naui d'Enea in Nynfe. 177

Fert ecce auidas in pinea Turnus
Tecta faces.
Perq́; leues domitis inuecta leonibus aurae.
Graues ceciderunt grandine nimbi.
Pinus Idæo vertice cæsas.
Robore mollito, lignoq́; in corpora verso.

Enea Deificato. 178

Quem turba Quirini
Nuncupat Indigetem.
Diuino corpus odore Vnxit.
Et ipsa suis deplangitur Ardea pennis.

Pomona & Vertunno. 179

Rus amat, & ramos fœlicia poma ferentes.
Assimulauit anum.
Nec quicquam, nisi te, miserere ardentis.
Et mutua vulnera sensit.

Anassareta mutata in pietra. 180

Sollicita petyt propensum voce fauorem.
Sæuior illa freto.
Spernit, & irridet.
Non tulit impatiens.
Elisa fauce pependit.
Quod fuit, in duro iampridem corpore, saxum.

Romolo fatto immortale. 181

Res Romana valet.

Tempus adest genitor.—
—Dignoq́; nepoti
Soluere, & ablatum terris imponere cœlo.
Annuit omnipotens.—
—Corpus mortale per auras   Dilapsum.—
—Trabeati forma Quirini.

Hersilia deificata.   182

Flebat, vt amissum coniux, cùm regia Iuno
Irin ad Hersiliam.—
Hersiliæ crinis cum sydere cessit in auras.
—Oramq́; vocat, quæ nunc Dea iuncta Quirino est.

LIBRO XV.

Hippolito risuscitato.   183

—Scelerata & fraude nouercæ   Occubuisse neci.—
—Et altis   Præcipitant currus scopulis.—
Excutior curru.—
—Vnumq́; erat omnia vulnus.
—Nunc idem Virbius esto.

Cippo rifiuta lo Imperio di Roma.   184

Quæ vidit, tetigit.—
—Et Latiæ parebunt cornibus arces.
Rex eris.—
—Grauemq́; senatum   Conuocat.—
Sed nos obstitimus.—
Ruris honorati.—
Cornuaq́; auratis—
Postibus insculpunt.—

Imagine

Imagine & tempio d'Esculapio. 185

Dira lues quondam Latias vitiauerat auras.
Delphos adeunt oracula Phœbi.
Ite bonis auibus, prolemą́ accersite nostram.
Hunc modò serpentem, baculum qui nexibus ambit.

Esculapio mutato in Serpente. 186

Quią́ petant ventis Epidauria littora mittunt.
Nec numina tradere suadent.
Serpit humum,   mediamą́ per vrbem
Tendit ad incuruo munitos aggere portus.
Corpus in Ausonia posuit rate.

Giulio Cesare in Cometa. 187

Et ætherea molitur condere nube,
Qua prius infesto Paris est ereptus Atrida,
Et Diomedeos Æneas fugerat enses.
Stella micat.

Tauola delle fauole contenute in questo libro.

A

Amor di Febo.	25
Argo vcciso da Mercurio.	31
Apollo sdegnato per amore di Fetonte.	37
Aglaura mutata in Pietra.	49
Ateone in Cerbio, & lacerato.	54.55
Adulterio di Venere & di Marte.	64
Atamante infuriato.	69
Atlante in vn Monte.	72
Ascalafo in Gufo.	84
Aretusa in Fonte.	86
Aragna in Ragnatelo.	88
Aurora innamorata di Cefalo.	106
Anima d'Hercole in Cielo.	128
Atalanta in Lionessa.	149
Adone in Fiore.	147
Auaritia del Re Mida.	150
Armi d'Achille fabbricate da Volcano.	167
Aiace disperato s'ammazza.	168
Aci in Fiume.	178
Achemenide ricolto da Enea.	183
Anassareta in Pietra.	192

Batto

B

Batto in vn Maſſo. 46
Bacco trionfante. 59
Borea rapiſce Orytia. 94
Biblide in Fonte. 131

C

Creatione & confuſione del Mondo. 13
Conſiglio de gli Dei. 19
Cygno in vccello. 36
Caliſto in Orſa col figliuolo. 39
Coroni in Cornacchia. 42
Coroni vcciſa da Febo. 44
Cadmo sbandito dal padre. 51
Cadmo ammazza il Serpente. 52
Cadmo ſemina i denti. 53
Cadmo in Serpente con la moglie. 71
Cyane in Fonte. 82
Contadini in Ranocchi. 96
Ceſalo geloſo della moglie. 107
Cerere contro à Eriſittone. 124
Cypariſſo in Cypreſſo. 136
Ceraſte in Tori. 139
Cygno in vccello. 163
Cenea donna in huomo. 164
Contraſto tra Vlyſſe & Aiace. 166

q 4 Cerc

Cercopi in Scimie. 181
Compagni d'Vlysse in Porci. 184
Circe innamorata di Pico. 185
Canenta in Vento. 186
Compagni di Diomede in vccelli. 187
Cippo diuentato cornuto. 196
Cesare transformato in Cometa. 199

D

Diluuio. 21
Deucalione & Pyrra. 22
Dafne in Alloro. 26
Dedalo con l'alie. 113
Descrittione della casa del Sonno. 158

E

Età dell' Oro. 15
Età d'Ariento 16
Età del Rame & del Ferro. 17
Eaco & Cefalo. 103
Erisittone affamato. 124
Erisittone mangia se medesimo. 124
Eccellenza d'Orfeo. 135
Esaco mutato in Mergo. 160
Enea porta suo padre. 175
Enea deificato. 190

Escul

Esculapio mutato in Serpente. 198

F

Figura del Caos. 12
Fine del Diluuio. 22
Fetonte va in Cielo. 32
Fetonte guida il carro del Sole. 33
Fetonte fulminato da Gioue. 34
Fanciullo nella cesta. 41
Figliuole di Mineo in Pipistrelli. 67
Fineo in Pietra. 76
Figliuole di Pierio in Gazzere. 80
Fanciullo in Tarantola. 83
Formiche in huomini. 105
Fame che va à trouare Erisittone. 123
Figliuola di Lyddo in maschio. 133
Figliuole d'Anio in Colombe. 176

G

Guerra de Giganti. 18
Gioue si consiglia per venire in terra. 19
Gioue innamorato d'Io. 27
Gioue innamorato di Calisto. 38
Gioue mutato in Toro. 50
Gioue con Semele. 57
Giunone contro à Atamante. 68

q 5   Giason

Giasone & Medea. 95
Giasone addormenta il Serpente. 96
Gioue, Filemone & Bauci. 120
Gioue rapisce Ganimede. 137
Giunone & Alcyone. 157
Guerra Troiana. 162
Glauco innamorato di Scylla. 179

H

Heliadi mutate in Arbori. 35
Hiria in Lago. 100
Hercole & Cerbero. 102
Hercole & Acheloo. 123
Hercole & Nesso. 126
Hercole auelenato. 127
Hippomene & Atalanta. 145. & 146
Hecuba presa da i Greci. 169
Hecuba & Polydoro. 172
Hecuba & Polynnestore. 173
Hersilia deificata. 194
Hippolito risuscitato. 195

I

Io mutata in Vacca. 28
Incanti & impresa di Medea. 97
Iacinto morto da Febo. 138

Isige

Ifigenia facrificata. 161
Imagine & tempio d'Efculapio. 197

L

Licaone mutato in Lupo. 20
Leucotoe & Clytia. 65
Lucina corrotta nel parto d'Almena. 129
Loto & Driope Nynfe in Arbori. 139
Lyra & lingua d'Orfeo. 149
Lupo fatto di Marmo. 155

M

Mercurio addormenta Argo. 29
Mercurio innamorato d'Herfe. 47
Minerua à cafa dell'Inuidia. 48
Marinai in Delfini. 60
Morte di Pyramo & Tysbe. 63
Minerua & le Mufe. 78
Marfia fcorticato da Febo. 91
Medea ringiouanifce Efone. 98
Medea & Pelia. 99
Medea fi vendica di Giafone. 101
Meleagro & Atalanta. 115
Meleagro muore. 117
Myrra innamorata del padre. 141
Myrra vfa col padre. 142
Myrra mutata in Arbore. 143

Mida

Mida con gl'orecchi d'Asino. 151
Mercurio & Chiona. 154
Morfea in forma di Ceyce. 159
Mennone conuerso in vccello. 174
Medaglia d'Augusto. 200

N

Nittimene mutata in Ciuetta. 43
Narcisso innamorato di se stesso. 58
Nozze di Perseo disturbate. 75
Niso & Scylla in vccelli. 111
Naiade in Isole. 118
Naufragio di Ceyce. 156
Nozze di Pyritoo, & guerra co i Centauri. 165
Naui d'Enea in Nynfe. 189
Niobe saettata co i figliuoli. 89

O

Ordinatione del Mondo con la creatione dell'
　Huomo. 14
Ocyroe in Caualla. 45
Orfeo racquista Euridice. 134
Orfeo vcciso dalle Baccanti. 148

P

Penteo vcciso dalle Baccanti. 61
Perseo libera Andromeda. 73

Perse

Perseo, Medusa & Pegaso. 74
Polidette in Sasso. 77
Pyreneo & le Muse. 79
Plutone rapisce Proserpina. 82
Progne, Filomena & Tereo. 93
Peste in Egina. 104
Perimele in Isola. 119
Peleo & Teti. 153
Polynnestore ammazza Polydoro. 170
Pulysena sagrificata. 171
Polysemo & Galatea. 177
Polysemo mangia gli huomini. 183
Pico mutato in Picchio. 185
Pomona & Vertunno. 191
Pastore in Vliuastro. 188

R

Ristauratione dell'humana generatione. 23
Romolo fatto immortale. 193

S

Serpente vcciso da Febo. 24
Syringa mutata in Canna. 30
Semele mal consigliata da Giunone. 56
Salmace diuenuta Hermafrodito. 66
Serene con l'alie. 85
Scylla

Scylla innamorata di Minos. 109
Scylla taglia la testa al padre. 110
Superbia d'Erisittone. 121
Statua di Pimmalione. 140
Scylla mutata in Cane. 180
Sibylla Cumana amata da Febo. 182

T

Tiresia priuato de gli occhi. 57
Tysbe spauentata fugge. 62
Tritolemo & Lynco. 87
Tereo sforza la cognata. 92
Teseo vince il Minotauro. 112
Talo mutato in Pernice. 114
Teletusa inganna il marito. 132
Troia allagata da Nettunno. 152

V

Venere, Cupido & Plutone. 81
Venere innamorata d'Adone. 144

LA NATVRA ET EF-
FETTI DELLA LVNA
nelle cose humane, passando per i xii. Segni
del Cielo.

Insieme co i nomi che gl'Autori Greci & Latini han-
no attribuiti à
Diana.

*

NARRATIONE
dell'Autore.

LA belleza & virtù di quella Dea,
 A chi presta splendor nell'ombra il Sole
 (Di lungo tempo gia formata idea
 Tra molte che formar la mente suole)
Voglio io cantare: & come hor buona hor rea
 Fa che il buon ride, e'l reo s'attrista & duole,
 Secondo i moti hor dolorosi, hor lieti
 Del stupendo misterio de i Pianeti.

S'Apollo in me della sua gratia spira,
 Et nel mio Dì natal Diana ha parte,
 Chi fia che biasmi il suon della mia lyra,
 Se di lei vergo queste poche carte?
Questa non men del suo fratello aspira
 A far del suo splendore in terra parte,
 Tal ch'io non sol, ma non può il mondo mai
 Lodargli, amargli, & riuerirgli assai.

            Luna

Luna in Ariete domicilio di Marte, & essaltatione del Sole.

♈

Diana col Monton di Frisso & d'Helle
 Felice al viator monstra il cammino.   Fac iter.
 Felici fa portar vesti nouelle,   Indue.
 Et grato al ricco il dir tosco o latino.
 L'infermo col fauor dell' altre stelle
 Felicemente ha il medico vicino.   Medica.
 Ma che in seruo nouel sia buona mente,   Non emas
 La fidata Diana non consente.   seruos.

Delle sue merci assai felice & lieto   Mercare.
 Si troua l'huom, che spende argento & oro.
 Viue l'ingordo contadin quieto   Semina.
 D'hauer del seminato ampio ristoro.
 Felice sposa, à cui con tal decreto   Nube.
 Dal suo santo, pudico & sommo choro
 Insieme con le Gratie & Cyterea
 Presente è stata la benigna Dea.

Luna in Tauro sua essaltatione, & domicilio di Venere.

♉

Exaltatio lupæ.
Nauiga.
Eme bestias domitas.
Semina.
Edifica.
Planta:lætaret mulieres allo quere.

Che poi congiunta à l'animal famoso
D'Europa seggio & di lei alto trono,
Fa Nettunno al nocchier piu gratioso,
E'l domato animale vtile & buono.
Consigliando al villan parco & dubbioso
Di gittare ogni seme in abbandono.
Et, cingendo di mura il proprio loco,
Piantar, parlar con donne, & stare in gioco.

Luna in Gemini domicilio di Mercurio, & essaltatione del capo di Dragone.

♊

Giunta poi doue i due fratei d'Helena
Al pianeta eloquente fanno honore,

Nube. *Al letto coniugal felici mena*
I nuoui sposi con vguale amore.

Medica. *L'afflitto infermo prende & polso & lena,*
S'auien chi ei gusti il medico liquore,
Et sotto si felice & chiaro raggio

Itinera. *Il viator fornisce il suo viaggio.*

Il tenero figliuol piu facilmente
Ritien del maſtro ſuo la diſciplina.
L'armato caualier riman vincente,
S'alla battaglia il deſiderio inchina.
Ma ben fruſta il villan della ſemente,
Laſciando i due fratei l'alma Lucina,
Tanto le ha dato Dio ſommo fattore
Su le coſe mortai forza & valore.

Duc pueros
ad diſcendū.

Bellare.

Non ſemina
in finibus Ge
minorum.

Luna in Cancro ſuo domicilio, & eſſaltatione di Gioue.

Nel Cancro, oue lo Dio, ch'è ſotto à Gioue,
Di naſcer meco gia non hebbe à ſchiuo.
Ma ben voluto haurei che ſtato altroue
Foſſe, come di gloria & valor priuo.
L'aratro e'l bue felicemente moue
Il villano, & riman l'infermo viuo.
Quel veſte panni nuoui, vn'altro in naue
Del Mar non teme la tempeſtà graue.

Ara.
Medica.
Indue.
Nauiga.

Luna in Lione domicilio del Sole.

♌

 Ma tosto che premendo il fier Lione
 Par che voglia al fratel l'imperio torre,
Non itinera. Nessun cerchi cambiar di regione,
Non semina. Ne faccia seme al suo terren ricorre.
Non indue. Habito nuouo, & non senza cagione,
 In questo stato anchor Diana aborre,
Mutuatriticū. Ma ben consente per il vitto humano
 Che presti l'vn vicino all' altro il grano.

Luna in Vergine domicilio & essaltatione di Mercurio.

♍

 Come à Cerere vien la Dea vicina,
Planta. L'amãte aiuta,& l'huom che pianta insieme,
Pueros præceptoribus trade. Pronto il fanciul del mastro alla dottrina
 Di sue minaccie poco o nulla teme.
Arripe iter. Felice il viator che all'hor cammina,
Semina. E'l contadin, che va spargendo il seme,
Edifica. Et chi per suo bisogno o per diletto
 Fabbrica nuouo muro, o nuouo tetto.

Luna

Luna in Libra, domicilio di Venere & essaltatione di Saturno.

♎

Doue la Libra il giorno all' ombra vguale   Equinoctiū.
Suol far giungendo la leggiadra Dea,
Monstra ch'à prender donna ei non sia male,   Nube.
Non la semenza o Medicina rea.   Semina & medica.
   Anzi proprio il cauar pozo o canale,   Fode puteum
Onde l'huomo assetato e'l campo bea,   & in pratis riuos.
Et lieta fauorisce anchor non poco
L'andar mutando hor vno, hor altro loco.   Itinera.

Luna in Scorpione domicilio di Marte.

♏

Se presso all' animal del fiero Marte,
Di velen, dira, & di miseria pieno,
La Dea si troua hauer correndo parte,   Non induc,
Si monstra all' huom non infelice meno.   nec itinera.
Però non vesta o vadia in altra parte
Chi non vuol che infelici i suoi di sieno.
Sol o bestia o terren mercati & venda,   Emeiumentū & solum.
O nuoua degnità sicuro prenda.   Adipiscere magistratum.

Luna in Sagittario domicilio di Gioue, & essaltatione della coda del Dragone.

♐

Chiron.   Col biforme Chiron, che gia maestro
Litiga.   D'Achille fu, è buona à mouer lite,
Obside.   Assediar terre, & fa il viaggio destro
            La Dea, ch'è detta Proserpina in Dite.
Non nauiga.   Sol' il Mar rende al buon nocchier sinestro,
Mala pro ca-   Et al pouer prigion si monstra immite.
ptis.   Come per non scoprirse al tutto ria
Mercare &   Al mercante & arciere amica & pia.
Venare.

Luna in Capricorno domicilio di Saturno, & essaltatione di Marte.

♑

Dolet hic oc-   Nel Caprio, ch'in occaso mi fa guerra
cidui Capri-   Senza offender alcun molto ne poco,
corni naturā,   Benche poco d'alcun, quasi vil terra
qui insonti-   Mi curi, & prenda l'huom maligno à gioco,
bus falsas ca-
luminias in-   A chi vuol l'edifitio alzar da terra,
ferre & iurgia   Medicina pigliare, & mutar loco,
mouere solet.
Edifica.   O terreno acquistare, al caldo e al gielo
Medica.   Fauorisce la Dea del primo Cielo.
Fac iter.
Mercare a-
grum.

Luna in Aquario domicilio di Saturno.

≈

Quando in Aquario temperata arriua,　　　　　　　　Arripe iter
　　Aiuta l'huom, che nuouo cammin prende,　　　　meridiem
Dico il cammin verso la parte estiua,　　　　　　　　versus.
Onde il fratel piu luce & caldo rende.
In questo stato la felice Diua
L'armate squadre, el capitan difende,　　　　　　　Aggredere
Dona vettoria & pia cortese, humana　　　　　　　 hostes.
Di lungo tempo il graue infermo sana.　　　　　　　Medica.

Luna in Pesci domicilio di Gioue, & essaltatione di Venere.

♓

Ma guardi ogniun poi ch'el principio tiene
　　De due Pesci Diana in vista irata,
Di nulla comminciar sperando bene,
Perche alla Dea quest'hora è troppo ingrata.
Non dico poi, s'al fin del segno viene,　　　　　　　Nube.
Che non faccia la sposa assai beata,
Il mercato felice, & porga speme　　　　　　　　　 Mercare.
All'huom di raddoppiar lo sparso seme.　　　　　　 Semina.

Porgendo à i parti poi la santa mano,
   Di Giuno il nome acquista & di Lucina:
Ma fatto il suo bel volto à noi lontano
   Sotterra Hecate è detta, & Proserpina.
Dittinna il mar la chiama, all' hor che in vano
   Minoe si sforza far di lei rapina,
Et dal splendor ch' è in lei la notte e'l giorno,
   Suona il bel nome di Diana intorno.

Diana quasi duana, quòd die nocteque luceat.

La luna è questa, che co i raggi suoi
   Sola può far la notte al giorno vguale,
Triuia chiamata anchora hoggi fra noi,
   Et Delia, & Cynthia dal terren natale.
Da i liti Hesperÿ à i Battriani Eoi
   Và il suo chiaro splendor spiegando l'ale,
Ne sol si fa veder, ma tempra & regge
   Quanto di ben quà giu si sente o legge.

La virtù della Luna nel l'vn Mare & l'altro.

Questa dell' Oceano & del Tyrreno
   In abysso hora spinge, hor' in Ciel l'onde.
Dal suo splendor, d'ogni virtù ripieno,
   Vien ch'ogni frutto su la terra abbonde.

Scorr

Scorrendo poi pel Ciel vago & sereno
Con la fronte d'auorio in treccie bionde
E', come figlia del gran Cioue, & Dea,
Ottima à i buoni, à i maluagi empia & rea.

O santa Dea, ô luce alma, & gentile,
Che partorisci cosi varij effetti,
Prendi homai in grado il mio diuoto stile,
Fa ch'el tuo aiuto in van più non aspetti?
Monstrati pia al mio pregare humile
Tu ch'essaltar virtù sol ti diletti,
Accio che dentro & fuor del mortal velo
Celebrata ti troui in terra e in Cielo.

La fine delle Stanze.

Errori fatti stampando, nell' Apologia.

Lettore leggi à la prima di B. di quello di Sesto Pompeo.
Alla 2. di B. come vltimamente io trouai in Ouernia.
Alla 4. di B. faccia volta (che è quello sdegno, &c.
Alla 6. carta di B. fac. volta. abbreuiate in due lingue.
Alla 7. car. di B. dello Smeriglio & d'vn'altro vccello.
Nella fine dell'Apologia. lasciando abbaiare i maligni.

HERMANNI RAIIANII VVELSDALII DE FONTE Aruernorum Rubiaco Epigramma.

*

Rupe sub excelsa fons hic dimanat amœnus,
  Quem Gabriel Symeon uindicat à tenebris.
Plurima, cùm oritur, decurrens ostia pandit,
  Quibus libatis languida membra fouet.
Hactenus ignotus iacuit fons iste saluber,
  Nobilis at factus nunc Symeonis ope.

LA FONTANA DI ROIAG
IN OVERNIA

Topographia ad vnguem expressa mirandi sub Rubiaco Aruernorum Fontis.

✱

HOSPES SACRVM HOCCE, PATVLVMQVE QVOD CERNIS ANTRVM (NATVRAE OMNIPARENTIS, NON ARTIS OPVS SATIS HERCLE MIRANDVM) SALVTARE PRIMO HAVD DEDIGNATOR.

DEINDE COROLLA HEDERACEA (VT ET SILICVM IVGA SVNT) CAPITE REVINCTVS, TVTE TVTO TOPHINVM CONVEXVM SVBITO.

INTROGRESSVS, FLAVICOMANTI APOLLINI (VT POTE QVI HISCE RECONDITIS LOCIS PVLCHERRIMAS MVSAS COMITATVR) EIVSQVE FRATRI LIBERO (QVOD IS CIRCVMQVAQVE BOTRIFERAS VITES, SERPENTESQVE HEDERAS TVETVR) OREADIBVS, DRYADIBVSQVE SORORIBVS (VELVTI LAETHIFERI CANIS MOLESTVM AESTVM PROCVL LOCO ARCENTIBVS) ET RVBIACIS DENIQVE CERERI, FLORAE, POMONAE, FONTIBVS OMNIBVS, SALTVBVS, RVPIBVSQVE IO PÆAN CONCLAMATO, CANITO, MODVLATOR.

MANVS, OS, OCVLOS (IMPVRI SI FORTE FVERINT) PVRISSIMIS DECVRRENTIBVS, AVT SEDENTIBVS LYMPHIS COLLVITO, DETERGITO, MVNDATO, SITIMQVE
SITI

SITIENS FLVENTISONIS, NITIDISQVE SCA-
TVRIGINIB. CITRA ACONITI, CALCV-
LIVE HAVRIENDI PAVOREM ORE PLENO
SEDATO.
POSTREMO INTVS QVANTVM LVBET (AT-
TAMEN IOCOSE VLTRAQVE OMNES VVL-
GARES CVRAS) MANETO, QVIESCITO, DOR-
MITO, EPVLATORVE, PICTARVM VOLV-
CRVM CANTIVNCVLIS, QVIETÆ DVM TI-
BI AVRES MVLCENTVR.
QVIBVS AVT ALITER SIMILIBVS PER-
ACTIS VETVSTISSIMO IANALIVM FLO-
RENTINORVM GENERI, SANCTISSIMOQVE
NOMINI CATARINÆ MEDICEÆ FRANCO-
RVM REGINÆ, ARVERNORVMQVE DOMI-
NÆ, NECNON EIVS REGIIS LIBERIS, ET
INVICTISSIMO CONIVGI HENRICO II. OB
RES IN ITALIA, CYRNO, GERMANIA ET
BELGIO FELICITER GESTAS, PACEMQVE
ORBI TERRARVM RESTITVTAM CLARIS-
SIMO (QVOD IN EORVM OMNIVM GRA-
TIAM CVNCTA HÆC EXCOGITATA, AVSA,
ACTA, AVCTA, SCALPTA, CVSA, ELABO-
RATA, DELINITA, PROPALATAQVE SVNT)
GRATES NON INGRATVS HABETO, VI-
TAMQVE ET INCOLVMITATEM PRINCI-
PIBVS, ET HVIVSMODI GABRIELIS SY-
MEONEI GENIO, ÆVITERNAS OPTATO,
HINCQVE SOSPES DISCEDITO, VALE-
TOQVE. KAL. OCTOB.
M. D. LVIII.

G. S. ALLA MEDESIMA SIGNORA DVCHESSA di Valentinois.

*

Qui lunge al volgo ingrato, auaro, & empio,
   D'odio, d'inuidia, & bassi pensier pieno,
   Sotto quest'aër dolce, almo, & sereno,
Doue han le Muse il lor più caro tempio,
Tu sola puoi, di pietà vero essempio
   DIANA, farmi d'ogni affanno meno,
   E'l tuo col mio sicur nome terreno
Di non sentir di morte il graue scempio.
Fa dunque ch'il pregar mio non sia in darno,
   Et dal tuo liberale inuitto Sole
   Per me tal gratia, o simil'altra impetra.
Cosi sotto quest'alta & dura pietra
   Tai di te sentirai formar parole,
   Che faranno stupir la Sena & l'Arno.

APOLOGIA GENE-
RALE DI M. GABRIELLO
Symeoni contro à tutti i Calunniatori & Impugnatori dell'Opere
sue passate, presenti, &
à venire.

*

GABRIEL SYMEONI
AL MAGNIFICO M. MAT-
TEO BALBANI
SALVTE.

*

IO HAVEVA preso la penna (nobilissimo M. Matteo mio) per ragionare con esso voi d'vna più piaceuole materia, conueniente à i vostri meriti, & à gli studij miei: ma disturbandomi gl'orecchi il maledico suono d'alcuni huomini otiosi, nimici totalmente di quella virtù, della quale voi siate (testimone l'Anguillara & altri huomini dotti) abbracciatore, sono forzato à mutare proposito, & pregarui di tenermi scusato, se entrando in duello con i mei Censori, cambierò il presente ragionamento in vna Apologia per sostenere le mie, & forse difendere qualchuna delle vostre ragioni: non potendo essere che lo splendore della vostra vita non vi renda inuidiato da molti huomini, i quali indegnamente viuendo senza amore di virtù & senza gloria, fanno professione per le botteghe & per le piazze di pesare, misura-

APOLOGIA

re, & biasimare (per buone, virtuose, & honorate che elle sieno) tutte l'opere d'altri, pensando gli sciocchi in cotal modo (come scriue il beato Girolamo) ricoprire la loro dapocaggine & ignoranza, & essere da chi gli ascolta, stimati migliori, più saui, & più dotti. Ma quale marauiglia di ciò, se questa commune peste d'ogni tempo hebbe imperio nel mondo? Et come potranno i moderni fuggire quello, che tanti galantissimi huomini antichi non poterno schifare? Senti gl' acuti morsi di questa rabbia il diuinissimo libro d'Homero, quando il presuntuoso Zoilo (però detto Homeromastigo) presentò à Tolemeo le sue proprie censure, piene non de gli errori di sì gran Poëta, ma di quelli che partoriua la mera malignità del suo riprensore: del quale essempio seruendosi poi il gentilissimo Poëta Ouidio (nel medesimo modo da qualche altro ignorante biasimato) però nel suo primo libro del Rimedio d'amore così scrisse:

Nuper enim nostros quidam carpsere libellos,
Quorum censura Musa proterua mea est.
Dummodò sic placeã, dum toto canter in orbe,
Quàm valet, impugnet vnus & alter opus.
Ingenium magni liuor detrectat Homeri:
Quisquis es, ex illo Zoile nomen habes.

Ma chi vuole cognoscere quale sia il giuditio di cost

[marginalia: S. Girolamo. — Homero calunniato. — Ouidio calunniato.]

GENERALE.

di costoro, che credendo biasimare, non si accorgano, che ei lodano il biasimato da loro, mettendolo in maggiore riputatione, oda questo altro testimonio pure d'Ouidio nel medesimo libro, doue ei dice:

Summa petit liuor, perflant altissima venti,
Summa petunt dextra fulmina missa Iouis.

Concio sia che gli huomini ordinariamente non soglino volgere mai gl'occhi per por mente, ne sciorre la lingua per biasimare le cose infime, ordinarie & vili, ma si bene quelle che riescono eccellenti, sentendo che le forze del loro debole ingegno non vi possano arriuare: onde è nata la sentenza o prouerbio, che dice: QVISQVE DAMNAT QVOD IGNORAT. Et Cicerone risoluendo anchora meglio questo passo nella VI. Filippica dice: NEMO ALTERIVS, QVI SVÆ CONFIDIT, VIRTVTI INVIDET. Le quali parole non rileuano altro, se non che tutti gl'huomini dapochi comunemente dispregiano l'opere & fatiche d'altri, & massime (come ho detto) cognoscendoui dentro la perfezione: la quale non si può negare che non sia nel libro di Virgilio, & non di meno veggiamo che anch'egli trouò il suo Virgiliomastigo, & morso da i velenosi denti dell'inuidia, fu forzato à ragionare di lei in questo modo:

Cicerone.

A 3   *Liuor*

APOLOGIA

Virgilio.
Liuor tabificum malis venenum
Intactis vorat oßibus medullas,
& totum bibit artubus cruorem.
Quod quisquis furit, inuidetq; forti,
Vt debet, sibi pœna semper ipse est.
Testatur gemitu graues dolores,
Suspirat, fremit, incutitq; dentes,
Sudat frigidus, intuens quod odit,
Effundit mala lingua virus atrum.

Lucano & Claudiano similmente non monstrano anch'eglino quanto sia grande & comune il flagello di sì fatta tempesta, questo dicendo nel terzo suo libro:

Claudiano.
Rabiem liuoris acerbi
Nulla potest placare quies.

Et quell'altro nel primo:

Lucano.
Liuor edax tibi cuncta negat.

Et Horatio nel primo alla seconda Epistola:

Horatio.
Inuidia Siculi non inuenere tyranni
Maius tormentum.

Di Cicerone non parlo, il quale come vnico oratore, ne altrimenti che gli ottimi Poeti sopradetti dalla inuidia rispiarmato, è assai manifesto come in più luoghi si dolesse, & massime nel iiij. libro

libro à Herennio, doue ei dice:

Virtutis comes inuidia, plerunq; bonos insectatur.

Et nel perfetto Oratore:

Mos est hominum, vt nolint eundem pluribus rebus excellere.

Et finalmente, difendendo l'honore di tutti gli huomini eccellenti, & chiudendo la bocca à tutti i calunniatori, contro à Catilina:

Inuidia virtute parta, gloria non inuidia putanda est.

Ma lasciando i più antichi à parte (tra i quali potrei nominare il santissimo spirito di Dauid, quando tante volte si rammarica & grida: A LINGVA DOLOSA ET A LABIIS INIQVIS ERIPE ME DOMINE) chi è quello che non habbia sentito, & non senta à ogni poco biasimare l'arguto Politiano, il copioso Erasmo, il giuditioso Budeo, l'eloquentissimo Iouio, il diligentissimo Vettorio, & tra i volgari il profondo Dante, il leggiadro Petrarca, lo elegantissimo Boccaccio, il pulito Sannazzaro, il gentile Bembo, l'vniuersale Ariosto, il delicato Luigi Alamanni, il dottissimo Varchi, il facilissimo Dolce, & l'artifitioso Anguillara? I quali tanti huomini da bene se non hanno potuto, ne possono fuggire gli scelerati &

Dauid calunniato.

Diuersi autori moderni calunniati.

APOLOGIA

rabbiosi morsi de gli ignoranti (però che i veramente dotti & buoni s'amano & sempre lodano l'opere l'vno dell' altro) in che modo à me sarebbe posibile, o ad altri che voglia viuere & operare virtuosamente & generosamente, non sentire le calunnie de gli huomini maligni, de i quali hoggi più che mai è il mondo ripieno?

Pur non di meno per non monstrare d'hauere à caso composto, & precipitosamente stampato il mio libro de gli Epitaffi, & anco per soddisfatione di chi potrebbe falsamente vdire, & più falsamente anchora (essendo il perfetto giuditio non concesso à molti, & l'huomo da poco à credere più il male che il bene inclinato) fare vna mala impresione de l'opere mie, mi sono risoluto di pigliare questa nuoua fatica, di fare à questi calunniatori, secondo i capi delle loro censure, questa lettione.

Se alcuni (gl'errori & nomi de i quali io non voglio fino à tanto publicare, che nõ me ne danno più manifesta occasione) hanno hauuto per male che vn Toscano sia stato tanto ardito, non solamente di comporre, ma di fare stampare i suoi Discorsi nella lingua Frãzese, di gratia che per ciò non s'adirino, ma meglio di me (& quando facessino male, anchora meriterebbono assai lode) si prouino à comporre nella lingua Toscana, & io

m'obl

m'obligo in luogo di biafimarli, di comporre vn'
altro libro in loro lode, effaltandogli (fe l'opere
però lo meriteranno) infino al Cielo, & non lo
meritando, facendo conto di non hauerle ne vedute ne lette. Et fe alcuni altri, o pure quei medefimi fi dogliono, che io habbia accomodato al
mio Difcorfo alcune cofe da me offeruate nell'andare à fpaffo per il mondo, io rifpondo loro che à
ogniuno è lecito di fare à fuo modo delle cofe fue.

Et fe pure quei medefimi harebbono voluto
che io haueſsi ripieno vn libro delle dignità & ti-
toli loro, di gratia che ei fappiano per l'auenire,
che io non fono di quella forte d'huomini, i quali
con fperáza di premio o per paura fogliono adu-
lare, & lodare le perfone, o per odio, vendetta,
& inuidia dirne male: ma fi ben vago di diuol-
gare à tempo & luogo le virtù di coloro, i qua-
poſſono giouare diuerfamente al mondo. Ma
à quelli che dicono che il nome della mia Satyra non le fi conuiene, non effendo à baftanza
mordace, che rifpondero io? Non altro certa-
mente, fe non quefto.

Vfarono gl'antichi la Satyra in due modi, l'vno *Difenfione*
fu il maledico & mordace, & l'altro il vario & co- *& dichiara-*
piofo, chiamato da i Greci Σατύρα quafi SATVRA, *tione della*
cio è ripiena di variate cofe, fi come SATYRII *Satyra.*
i cibi compofti di diuerfe herbe trite & cotte in- *Satyrij.*

fieme

APOLOGIA

sieme, nel modo che nel 11. libro delle Questioni Plautine si vede, doue è scritto:

Satyra est vua passa & polenta, & nuclei pini ex musto consspersi.

Alcuni altri hanno voluto, che dalla legge Satyra fosse il verso Satyrico nominato, la quale legge con vna sola propositione comprendeua molte cose & diuerse opinioni, come lo dichiara Salustio nel libro di Giugurta, dicendo:

Salustio. *Deinde quasi per Satyram sententijs exquisitis in deditionem accipitur:* Il quale ragionamento mi muoue hora di nuouo à osseruare, che noi potremo per translatione quel Bossolo (doue la Signoria di Vinegia le ballotte, & la Fiorentina gia soleua le sue faue ne i publici consigli far ricorre, suffragij, & comitij chiamati da i Latini) Satyra nominare: si come SATYRA LANCES fu similmente detta quella Tazza ò Bacino, il quale innanzi alla ricolta, ripieno de i primi & di varij frutti, soleuono gl'antichi offerire à i loro Dij: la forma & figura del quale se qualch'vno desideraße di vedere, cerchi vn rouescio d'vna medaglia di Domitiano, & quiui vedrà vna Donna con la Satyra Lāces in vna mano, con due spighe di grano nell'altra, & parole intorno, che dicono FIDEI PVBLICÆ, come si vede nel presente Ritratto.

Nuoua osseruatione dell' autore.

Satyra lances.

Ma

GENERALE.

DOMITIANO.

Ma lasciamo stare, che io non volessi difendere il nome della mia Satyra, ripiena di varij accidenti & di diuerse osseruationi, con questi primi argumenti, costoro hanno eglino così male studiato, che non habbiano come cosa volgare, altre volte letto, o al meno vdito dire, che Satyra (pigliando il nome da l'habito Satyrico de gli histrioni, & da gli atti diuersi & parole piaceuoli, ridicole, & facete, vsate da quelli publicamente nelle scene) significa vn verso burlesco, basso, & comune? quali sono stati à i nostri tempi quelli del Bernia, del Mauro, & d'altri galāti huomini, & come di questi tal volta ho vsati io, dicendo & dipingendo vn timore notturno & marittimo in questo modo:

Sertin, di risa voi saresti morto
A rimirar la nostra compagnia,
Et come staua ogn'un su l'ali accorto.

APOLOGIA

Noi sembrauamo armati per corsia,
A Poppa & Prua quei sonnacchiosi braui,
Che guardorno il sipolcro del Messia.

Aggiugnendo poi bene spesso à questo, l'altro genere della Satyra che biasima & dice male, all'hora che descriuendo il paese di Corsica parimente dico:

D'aspre montagne, & valli oscure & vote
D'ogni ben, se non d'orsi & can feroci
Il luogo è pien, ch'intorno il mar percuote.
D'huomini & donne i volti tanto atroci
Vedreste, e'l vestir lor si strano & stretto,
Che vi fareste mille & mille croci.

In maniera che ben considerata la mia Satyra nella diuersità de subietti, nella giocosità dello stile, & nella maledicenza, & massime nel principio, quando io ragiono de' i disagi del nauigare, & de i pericoli che nauigādo si corrono, non solamente Satyra semplice, ma doppia & perfetta Satyra si debbe chiamare.

Alcuni altri mi pare (& duolmi non sapere i particulari per difendere questi come quella) che habbino prosuntuosamente posto la bocca in alcuno de i miei sonetti, forse hauendo ignorantemente (come l'altre cose) interpretato & male inteso quello, che ragiona con Dante, & dice:

Ecco

Ecco me lasso à te simile anchora.   sonetto di Dante.

Imaginandosi che io mi voglia comparare à Dante, & non considerando che il verso sequente dichiara à ogniuno, che io intendo solamente dell'essiglio, soggiugnendo:

Nel cercar nuoua patria, & cangiar stile.

Altri si sono attacati à vna glosa d'vn' Epitaffio di Pesero, dicendo che io ho male inteso vn Q. II. V I R. Q. interpretandolo *Quintus Duumuir Quinto, vel Quinquies*, cioè che l'huomo fosse stato cinque volte fatto dell'offitio de Due huomini, dicendo *Quinquies*, che è quel medesimo che QVINTVM, o dicendo QVINTO, che ei fosse stato fatto di tale magistrato cinque anni dopo i Re discacciati da Roma: benche i Romani col tempo di poi vsassino indifferentemente cosi fatti aduerbi *Secundo, Tertio, Quarto, & Quinto*, per cinque, quatro, tre, & due volte, si come io ho gia osseruato in alcune medaglie di Pōpeo, doue è scritto à lungo, IMPERATOR ITERVM ET TERTIO. Perche circa à questo rispōdendo dico, che se il medesimo Valerio Probo interprete delle abbreuiature o note antiche fosse anchora viuo, ei non mi saprebbe prouare che vn Q. nella fine d'vna ditione volesse altro dire che QVE per ET, come POPVLVSQ. RO. & dinanzi à vn nome proprio, altro che Quintus.

Epitaffio di Pesero.

Valerio Probo.

tus, o Quinti, o Quintius, o Quintilius tutti Prenomi, si come solo dopo i magistrati altro, che Quinto, o Quintum, o Quinquies, & accompagnato con piu altre lettere ciascuna à parte, Quomodo, Quomagis, Quemadmodū, Quanti, Quæ, Quod, Quando, Quare, Quærito, Quinquagenario, Quid, Qui, Quæsitus, Quæsitos, Quære, Quirites, & altri cosi fatti: Però che Quartus, o Quarto, o Quartum, il più delle volte à differenza di Quintū, si vede scritto per Q.V. Concludendo che trouandosi nel principio di detto Epitaffio distesamente nominato QVINTO SEVERO, bisogna necessariamēte risoluersi, che l'altro Prenome subsequente non volesse ne possa altro dire se non QVINTVS, & che il senso dell'Epitaffio non sia altro che quello che ho detto io, cioè:

Epitaffio di Pesero disteso. CAIO MVTRIO CAII FILIO PALMENSI QVINTO SEVERO, QVINTVS DVVMVIR QVINTO, vel QVINQVIES, vel QVINTVM, ALIMENTORVM CVRATOR, &c.

Benche cosi debole materia non douesse hauere bisogno di si lungo discorso, non essendo questi casi criminali per diminuire o accrescere la riputatione d'vn Autore, & massime che si trouano de i marmi antichi cosi imperfetti & scorretti, che non basterebbe tutto il mondo à cauarne construtto.

Alcuni

GENERALE.

Alcuni altri leggendo con quel poco giuditio, col quale molti sogliono chiamare Plinio bugiardo, & non gustando (come non gustano molte altre cose buone) che parlando io della Troia nello stendardo d'Enea, non metto tale cosa per certa, ma come osseruatore, diche mi giustifica quella clausula che dice (QVELLO CHE IO NON AFFERMO, NE DICO SE NON PER MODO D'OSSERVATIONE) & di poi nella fine del Discorso mi risoluo secondo i Grammatici, interpretando ARMA TROIA per ARMA TROIANA. Cercano pure anchora d'appuntarmi, & mi constringono à riprendere loro con ragione, che poco diligenti non hanno visto il brieue Trattato, che il preclarissimo Oratore Messala Coruino fece, & dedicò à Ottauiano Augusto, scriuendo da principio tutta l'Historia Romana con l'origine del detto Imperadore, nel quale Discorso tra molte si leggono & à questo proposito cosi fatte parole:

TROIA *fuit inter arma templis affixa, armorum insigne.* TROIA *nanque vulgo Italicè Latineq́; scropha vel sus dicitur, cui vocabulo licentia sui allusit Poëta: quod animal, quia eius nomen vrbi Troiæ congruebat, aureo vexillo insigne armorum statuit, nõ solùm Antenor, sed Aeneas, absumptæ vrbis Troiæ memoria.*

Plinio calunniato.

Troia insegna d'Enea.

Messala Coruino.

Hor

APOLOGIA

Hor che direte voi qui gentil'huomini miei? sarete voi anchora cosi ostinati di volere sapere meglio de fatti di Roma, & dell'arme o stendardo d'Enea, che Messalà nobilissimo & dottissimo Romano del tempo d'Augusto non sapeua? ne confesserete voi hora che io non scriuo senza fondamento? Et voi anticarij d'essermi obligati? hauendoui sopra questo passo dichiarato (quello che ne voi ne nessuno altro hà saputo ne fatto fino à hora: à voi parlo, che dite che io nõ ho scritto cosa alcuna di nuouo) perche Tito, Augusto & altri stamparono per memoria d'Enea (come Antonino Pio, Domitiano, Adriano, & altri la Lupa per memoria dell'origine di Roma & di Romolo) la Troia ne i rouesci delle loro medaglie? Et quelli che dicono, che la medaglia d'ariento con la Lupa non fu battuta (come io ho scritto) da Sesto Pompeo, come mi proueranno che queste parole S E X. P O. voglino altro dire, o significare che quel Nome, non si trouando da i primi Consoli di Roma insino à i tempi di Giustiniano, che furno in tutto (secondo Eusebio & tutti i Cronici scrittori del mondo) anni M. X L I I. altri cosi fatti Nomi & Prenomi di Sexti, che i dichiarati qui di sotto?

Medaglia di Sẽsto Põpeo.

Eusebio.

Consoli Romani.

Anni vrbis   CCXLV.
Sextus Furius Philus.   *Sext. Quintilius Varus.*
                                                       Sext.

GENERALE.

Sex. Furius Medullinus.
Sext. Iulius Tullus.
Sext. Aelius Petus.
Sext. Iulius Cæsar.
Sext. Attilius Serranus.
Sext. Domitius Caluinus.
Sext. Pompeius.
Sext. Apuleius.
Sext. Aelius Catulus.
Sext. Nonius Quintil.
Sext. Cornel. Cethegus.
Sex. Papinius Gallien.
Sex. Aurelius Victor.
Anni Vrbis 1287.

Con cio sia che se io hauessi trouato (cercando tutti gli scrittori dell'historie Romane, & riuisitando tutti i marmi antichi di Roma, & massime quelli ristaurati dal Reuerendissimo Farnese in Campidoglio) pure vna volta sola il nome d'vn Sesto Pomponio, o d'vn Sesto Poblicio, o d'altri cosi fatti, io harei potuto dubitare che tale medaglia non fosse stata battuta del lor tempo, come di quello di Sesto Pompeo, nel rouescio della quale non bisogna scusarsi, che habbiano i dipintori lasciato in dietro, o aggiunto di nuouo l'vccello detto PICCHIO, atteso che la vera origine di Roma & l'historia Romana, recitate minutamente da Tito Liuio, & deligentemête da Plutarco, portano (à volere che le medaglie siano perfette) che vi si vegghino dentro (come io ho vltimamête cognosciuto per vna Corniuola antica portatami da Roma) il Fico Ruminale, la lupa con Romolo & Remo, Faustulo Pastore, la testa di Roma, & sopra al Fico il Picchio, come quello

Cardinale Farnese.

Corniuola antica.

che

APOLOGIA

che innanzi o insieme con la lupa porgeua il cibo à i due fratelli, si come io ho prouato per il testimonio d'Ouidio nel mio libro Toscano, doue è scritto:

Ouidio.
  Lacte quis infantes nescit creuisse ferino,
  & Picum expositis sæpe tulisse cibos?

Luciano Momo.
Ma gl'accecati dall' inuidia, onde nacque che Luciano chiamò l'inuidioso & maledico MOMO figliuolo del Sonno & della Notte, non vedendo lume, mordeno doue possano, sciogliendo inconsideratamente la lingua intorno à questo, come

Acqua Traiana.
all'altra medaglia de l'Acqua Traiana: dell'origine, grandezza, nome, & spesa della quale (insieme

Acqua Vergine.
con l'altra Vergine) hauendo fondataméte & à bastanza ragionato nell'vno & nell'altro mio libro Toscano & Franzese, però intorno à questo non replicherò altro, ma verrò alla difensione del marmo da me attribuito à Esculapio, allegando il

Macrobio.
testo di Macrobio nel primo libro de i suoi Saturnali al XXIII. capitolo, doue ei dice:

Esculapio.
Hinc est quòd simulacris & Aesculapij & Salutis Draco subijgitur, quòd hi ad Solis naturam, Lunæque referuntur. Et est Aesculapius, vis salubris de substantia Solis, subueniens animis corporibusq; mortalium.

Soggiugnendo nel medesimo capitolo più basso:
  Aesculapium verò eundem esse atq; Apollinem
              non

GENARALE

nõ solùm hinc probatur, quòd ex illo natus creditur, sed quòd ei & ius diuinationis adiungitur.

Ma quello che più mi fa marauigliare, è che hauēdo questi Anticarij tāte volte maneggiato ne i rouesci delle medaglie antiche d'Adriano, d'Antonino Pio, d'Aurelio, di Valeriano, & d'altri vna Serpe auuolta intorno à vno Altare, simile à que-

sta et al presente marmo, et veduto manifestamēte il medesimo Esculapio appoggiato sopra vn bastone con vna Serpe intorno, come vltimamēte

APOLOGIA

io trouai in Ouernia in due medaglie, l'vna di Caracalla, & l'altra di Vitellio, significatrice della salute publica o priuata, si siano lasciati táto trasportare dalla colera, che habbino essi medesimi così grauemente errato, dicendo che il sopradetto marmo non è d'Esculapio, ma d'Apolline Pythio, à causa del Serpente Pythone gia morto da lui, & allegando che MITHIR, scolpito nel detto marmo, è interpretato da i Persi per il nome del Sole.

Questa loro interpretatione sé bene pare hauere alquanto del verisimile, essendo il Sole & Esculapio vna medesima cosa, non è per questo che io habbia in tale caso detto male, ma si bene loro, *Mithir.* volédo che tra MITHIR più tosto vocabolo Gre- *Mithras.* co, & MITHRAS Persiano, non sia alcuna differenza, & di più non hauendo tanto innanzi studiato, che ci sappiano, che quando i Persiani sotto il nome di Mithras, non di Mithir, intendeuono & dipingeuono il simulacro del Sole, lo figurauono non in forma di Serpe, ma col Capo di Lione à gola aperta con vn cappello, che i Romani chiamarono GALERO, & i Greci TIARA, & con due corna di bue nelle mani, nel modo che si vede qui di sotto.

Simul

GENERALE.

Simulacro del Sole chiamato Mithras da i Persiani.

Il quale proposito mi porge materia (senza che io pensassi di venire à questo) d'interpretare del tutto il sopradetto marmo di questo Esculapio, nobilitando al meno (quando io non facessi altro effetto) anchora di nuouo la Città di Lione d'hauere haunto anticamente cosi celebrati Templi & Sacerdoti.

Io ho gia monstro col testo di Macrobio, & con

APOLOGIA

l'essempio di più medaglie antiche, che sempre doue si troua la Serpe & l'Altare, s'intende il simulacro d'Esculapio, & non del Sole, se bene l'vno & l'altro sono d'vna istessa virtù & vna medesima cosa. Et hora dico, che quando MITHIR, & MITHRAS fosse vn medesimo vocabolo o Persico, o Greco, à ogni modo questo mio marmo fu cosi fatto & dedicato in honore d'Esculapio: con cio sia che Mithir o Mithras non solamente significhino il Sole (in forma però di Lione, & nõ di Serpe) ma ogni sommo sacerdote (che noi diciamo Pontefici) di qualunque Tempio o Dio, diche rende testimonio Apuleo nel suo vltimo libro, doue ei dice:

Apuleo.

Ipsumque Mithran illum, suum sacerdotem, præcipuum sacrorum ministrum decernit. Il quale passo mi muoue à venire in consideratione, & osseruare, che da questo vocabolo Mithran puo essere deriuato il nome della Mitera o Mitria, che portano i nostri Pontefici & Vescoui, come supremi sacerdoti, in capo: concludendo che trouandosi le parole del mio marmo tali,

Nuoua osseruatione.

DEO INVICTO
MITHIR
SECVNDINVS
DAT.

La

GENERALE.

La vera loro interpretatione è questa,
DE INVICTO
PONTIFEX
SECVNDINVS
DAT.

Et se questi Censori dicessino che il titolo d'INVICTO non conueniua anticamente se nõ ad Apolline, come si vede nelle medaglie di Probo, d'Aureliano, di Martiano, & d'altri, nelle quali si legge SOLI INVICTO COMITI, io rispondo loro, che esẽdo Apolline & Esculapio vna medesima cosa, il medesimo titolo similmente si puo attribuire tanto all'vno come all'altro: & quanto alla dedicatione o voto del detto marmo, bisognando che necessariamente fosse fatto per la salute di qualche persona, o publica, o priuata (come si legge in più medaglie antiche, doue è scolpito SALVS AVGVSTI) io voglio anchora sostenere, contro all'opinione di costoro (oltre à che bisogna che il fedele osseruatore ritragga & ripresenti le cose come ei le ritroua) che la testa femminile, posta & al quanto spiccata sopra al marmo, vi puo stare, & sta bene, o come moglie (essendo in quel tempo i Sacerdoti ammogliati) o come figliuola, o come sorella, o come madre, o parente del Sacerdote dedicatore, che per la salute d'alcuna d'esse, poteua hauere il

Interpretatione d'un marmo antico d'Esculapio in Lione

Medaglia d'Aureliano.

B 4 detto

detto Altare cosi lunghetto, come quelli che si veggono ne i rouesci delle sopradette medaglie, à Esculapio dedicato, & che chi vi pose la predetta testa, trouassela rotta (come la potette facilmente trouare) o non la trouasse sottoterra attaccata col marmo (come anchora più facilmente si poteua essere spiccata) non la vi messe à caso, si come io non ho à caso figurato l'altro marmo, o Epitaffio di Santo Hyrenco, doue è il Sacerdote, del quale trouano à dire, che io ho ripresentato le parole imperfette, & che essi le hanno tutte intere: il che puo bene essere, hauendole eglino gia sessanta anni sono vedute & potute ritrarre, che elle non erano spente, ne anchora coperte (come hora sono) dalla roccia causata dall'acqua, che vi cola sopra, la quale cosa reca loro tanto maggiore biasimo, quáto meno ei si sono curati d'illustrare la loro Patria con si belle memorie, aspettádo che vn forestiero (che è quello sdegno che gli fà parlare) habbia cio fatto innanzi à loro.

Epitaffio di Santo Hyreneo.

Alcuni altri scioccherelli, sbigottitisi nell'hauere visto al principio del mio libro il Catalogo di tanti degni Autori, hanno similmente cicalato, che io ho preso & cauato ogni cosa da questo & da quello, & altri detto che io non ho fatto cosa alcuna di nuouo. La onde rispondendo à quei primi, domando loro se Plinio è Autore lodato o
no:

GENERALE.

no: la quale cosa non potendo negarmi, eccogli confusi, atteso che Plinio non ha scritto cosa, che ei non habbia ei medesimo peregrinando osseruata, o tratta di quei tanti Autori, che sono da lui differentemente, secondo la diuersità delle materie, nominati nel principio del libro. Ma da chi crediamo noi che N O E, altrimenti detto I A N O (per cominciarmi da i principij del mondo) imparasse tutte, o la maggiore parte delle scienze, se non da Adam, che innanzi al Diluuio l'haueua sapute o per osseruatione, o per virtù infusa? Noè adunque di mano in mano insegnando à i figliuoli & à i nipoti, & aggiugnendo alle prime sempre qualche cosa di sua inuentione, fu causa che molti altri, facēdo come lui, cognoscessino & scoprissino gl'occulti & difficili segreti di Natura, sì come gl'Egytij & i Caldei per lunga osseruatione i mouimenti de i Cieli, & la natura delle Stelle. Cosi adunque perche gl'Hebrei, & i Greci scrissero & aumentorno molte cose già notate da i Caldei, & che i Latini impararono da i Greci, & da i Latini i Toscani & altre nationi, aumentando i vecchi subietti con diuerse & nuoue forme, tāti degni Autori Hebrei, Greci, Latini, Toscani, & Franzesi, secondo i cicalamenti di costoro, non meriterebbono, come cose studiate o aumentate, o rinouate, laude alcuna?

Noè.

Adam.

Osseruationi de gli Egytij & Caldei Greci, Latini, & Toscani.

B 5   Et

APOLOGIA

Osseruationi di Virgilio.
Osseruationi di più Autori.

Et così adunque perche Virgilio imitò nella Bucolica gli scritti di Teocrito, nella Georgica Hesiodo, & nell'Eneida Homero: Horatio Pindaro: Terentio, & Plauto Aristofane: Cicerone Demostene: Socrate Anassagora: Platone Socrate: & Aristotile Platone, à detto di costoro non harebbono fatto o scritto cosa alcuna di nuouo? Si come alcuni altri di non migliore giuditio, ne più dotti di loro, diminuiscono la lode di Dante, per hauere imitato Virgilio: il Petrarca preso da Ca-

Autori moderni calunniati.

tullo, da Tibullo, da Propertio, & da Arnaldo Daniello Prouenzale: il Bembo & il Sannazaro dal Petrarca & dal Boccaccio, & l'Ariosto da Luigi & Luca Pulci & dal Boiardo. La onde chi volesse spauentarsi per i rabbiosi morsi degli inuidiosi, viuerebbe & morrebe come loro simile à vna bestia senza gloria & senza nome.

Ma quelli che senza gusto & senza intelletto ardiscono di dire che io non ho fatto cosa alcuna di nuouo, come hāno del tutto nõ solamente smarrito, ma perduto il ceruello? Chiamano costoro il non fare cosa nuoua, l'hauere osseruato, racolto, & dato lume alle memorie incognite, difficili & oscure di tanti huomini illustri quà & là sparsi ne i miei Epitaffi? & con l'historie & sentēze à proposito hauere interpretato & accõpagnato tante belle medaglie? quali sono quelle di Castore &

Poll

Polluce, di Minerua & Pompeo, del Ponte di Traiano, d'Augusto & Nerone, &(come ho detto) di Sesto Pompeo, & di Tito, di Faustina, d'Egnatio, di Fonteio & d'Alenio, dell'Alloro d'Augusto, di Sublicio con il Feciale, d'Antonino Pio, di Turpiliano, di Titurio, di M. Antonio & Cleopatra, di Iano, del Sestertio, Vittoriato, & Quadrigato, dell'Acqua Traiana, & di Salomone? Tutte le quali cose io nõ ho ritratte, scritte & composte imperfettamẽte(come alcuni senza giuditio hanno fatto le loro) seruendomi delle interpretationi & fatiche d'altri: ma io medesimo ho preso pena di cercarle, trouarle, studiarle, ritrarle, interpretarle, & accommodarle con modi nuoui, & nuouo ordine al discorso & proposito mio, che all'hora con ragione si potrebbe chiamare vecchio & non nuouo, ch'ei si trouasse vn'altro libro, che in qual si voglia lingua, nella descrittione & osseruatione del medesimo viaggio & figure somigliasse il mio: il quale nobilissimo non hauendo alcuna conformità con i vostri costumi (con voi ragiono, che hauete perduto l'appetito)& come non fatto per voi, non toccaua à voi à biasimare, & affaticarue in vano di farlo trouare cattiuo à vno altro, che di gentile spirito peregrinando & passando per le Città & paesi da me nominati, piglierà tanto piacere di ritrouare col mio libro

APOLOGIA

bro in mano tante nobili memorie antiche da me osseruate, come, secondo la vostra solita professione, voi non sapete ne sapreste altro fare, peregrinando, o viuendo otiosi, che studiare nel dire male di questo & di quello. Ma che direte voi, vedēdo vscire presto fuora abbreuiate in due lingue fra 500. figure, con altro ordine nuouo tutte le cose più notabili di Roma, & dell'Imperio Romano da Noè fino alla morte di Carlo v. Imperadore? Et del Metamorfoseo abbreuiato in forma d'Epigrami, non direte voi che egli è stato prima cōposto da vn'altro in Franzese? Cosi certo, come il detto mio libro (diuerso interamēte dal Franzese & di XIIII. Fauole cresciute) farà piena fede col testo d'Ouidio, che egli è tutto mio. Intorno al quale rispondendo à quelli che di prima giunta, corrédo alle Declinationi del Donatello, & stando su i puntigli della Grammatica, si marauigliassero che il suo Articolo sia stato conuertito di femmina in maschio, Dico che non è, però cosi gran fatto questo, che fra dugento Transformationi figurate da Ouidio, & piu miracolose che la mia, io habbia come vero Toscano (sendo nato in Firenze, scriuendo come vuole Cicerone, & parlando come à Firenze s'vsa volgarmente) aggiuntane vna nuoua di mio, & fatto quel vocabolo maschio all'vsanza nostra, che i Greci alla loro o per loro

piac

Commentarij della Republica & Monarchia di Roma.

piacere feciono femmina: & il quale se in Greco & in Latino suona bene da femmina composto, in Toscano & nel principio d'un libro harebbe messo in dubio i poueri volgari (poi che io scriuo per loro, & con loro parlo) se il titolo delle Trāsformationi, o Transfigurationi, o Conuersioni fosse stato quel medesimo che il Metamorfoseo à modo loro, o, se la Metamorfosi singulare, o, le Metamorfosi plurali, fossero vna o più cose nuoue che hauessero col titolo corrotto l'articolo à Ouidio nel suo libro: al quale mascolino riferēdo io tacitamēte per più breuità l'articolo del mio, nō poteua ne meglio ne altrimēti comporlo di maschio & di femmina, che facendolo (come io l'ho fatto) Hermafrodito con la medesima libertà che Ouidio fece Salmace tale, & con l'autorità del mio Cicerone in vn passo, oue ei dice (insegnādo à ogniuno la differenza che si debbe vsare nello scriuere à i letterati & à i volgari) VSVM LOQVENDI POPVLO CONCESSI, SCIENTIAM MIHI RESERVAVI: circa che anchora che io potessi allegare molte altre ragioni, mi cōtēto hora di queste per mōstrare solamēte che io nō iscriuo à caso, come forse alcuni penserebbono, i quali prima che giudicare o biasimare, douerrebbono, per essere più stimati, o creduti, hauere monstro o monstrare qualche cosa scritta (che è il paragone tra

i gal

APOLOGIA

i galanti huomini) di migliore dottrina che le altre. Et à coloro che dicesino, che essendo stato interpretato & posto per vn' HALIETO lo Sparbiero, io ho male scritto, ponēdo SMERIGLIO, rispondo che se CIRIS (come s'accordano tutti gli scrittori) si piglia per l'Allodola, da ΚΕΙΡΩ verbo Greco, che significa tosare, io non so che la natura dello Sparbiero (come io ho più volte osseruato alla caccia) sia di cacciare o pigliare l'Allodole, ma bene dello Smeriglio, & d'vn' altro vccello simile à lui, che i Frāzesi chiamano OBREAV: aggiugnēdosi à questo, che se l'Halieto (come scriue *Plinio.* Plinio) è il minore bastardo dell' Aquile, & ha le *Ouidio.* penne tanè (come dice Ouidio) à me pare che gli smerigli habbiano maggiore somiglianza con l'Aquile nelle penne & nella forma del corpo, che non ha lo Sparbiero. Ma se qualche Toscanissimo Grammatico (di quelli massimamēte, che *Difensione* scriuono con le Regole, & vogliono che la vera *della lingua* lingua Toscana non sia la propria Fiorētina lette- *Fiorētina et* rata, come se i maestri di quella Dante, Petrarca, *del Macchia* Boccaccio, & il Macchiauello, indegnamēte chia- *uello.* mato dal Iouio ignorante, fessero stati Bergamaschi) si gettasse su la fauola di Cygno, allegādo che la rima di Digno non puo stare, & che forzato dalla superiore, o per fuggire fatica ho cosi detto, & che il Petrarca non l'vsò giamai (di Dante non so,

V a

GENERALE.

Vadia chi vuole à chiarirsene seco, & col Politiano, che nel fine d'vna sua stanza disse:

Et posto il nido in tuo felice ligno,
Di roco augel diuenti vn bianco Cygno.) *Politiano.*

Che risponderò io? Questo solamente, che come al Petrarca non occorse ragionare di tutte le cose & accidenti humani, cosi non poteua vsare & scriuere tutte le parole: & oltre à questo, che se gli fosse venuto à proposito come à me (cóstretto tal volta in otto breui versi volgari di cóprendere il senso di x x. & x x x. più lunghi Latini) d'vsare DIGNO, credo che harebbe cosi vsato questo, come vsò (rispondendo à Egytto) DESPITTO per dispetto: & in vna sua Canzone,

Non sente quād'io agghiaccio, & quād'io flagro. *Petrarca.*

Circa che nó mi farò io mai conscienza di corrompere & vsare vna parola Latina (poi che la Fiorentina l'è figliuola, o sorella) tra le mie volgari, pure che dal volgare non sia tanto lontana, che vn volgare non l'intenda. Altri voglio che sappiano, che se tutte le stāze cosi mie, come d'altri, non sono nell'ordine & nell'altezza dello stile vguali, nó debbono per ciò subito dire male de gli Autori, considerando che secondo i subietti alti o bassi, bisogna che vn buó Poeta abbassi & alzi le parole, si come artificiosamente à me è bisognato vsare vno stile particulare Latino (Latinissimo nondime-

Conformità della lingua Latina & Toscana.

meno) sopra à i rozzi & naturali cõcetti della mia Fontana. Et finalmente volgendomi à quelli che (marauigliandosi della prõtezza del mio scriuere) dicono che io non limo le mie cose, rispõdo, che gli huomini che hanno buono intelletto Fiorentino, scienza Parigina, giuditio Romano, & spesi x x x. anni per il mondo & tra i libri, sogliono cosi presto, & bene non solamente fare questo, ma ogni altra cosa, componendo à vn tratto con la lima, della quale per vltimo si seruono à limare i dẽti viperini di coloro, che nõ sanno, non si curano sapere, non vogliono fare, & non possono patire che vn'altro sappia & faccia quello, che puo giouare & dilettare à molti. La onde voi con l'opere generose (Messer Matteo mio) & io con alti & bei concetti, cercando l'immortalità de i nostri Nomi, & lasciando i maligni abbaiare, di loro ci rideremo, licentiandoli con i presenti versi d'Ouidio à questo modo:

Rumpere liuor edax: magnũ iam nomen habemus,
Maius erit: tantum, quo pede cœpit, eat.

ANTIQVA NOVIS PRÆFERT
INVIDIA.

www.ingramcontent.com/pod-product-compliance
Lightning Source LLC
Chambersburg PA
CBHW071133160426
43196CB00011B/1879